AF377743

EL MÉTODO SILVA PARA EXPLORAR TU CEREBRO

Descubre cómo conectar con la Inteligencia Superior

Utiliza toda tu mente ¡Por una nueva dimensión
en el poder creativo!

José Silva y Robert B. Stone

EL MÉTODO SILVA PARA EXPLORAR TU CEREBRO

Descubre cómo conectar
con la Inteligencia Superior

Traducción de Alois Adler

MADRID – MÉXICO – BUENOS AIRES – SANTIAGO
2025

El contenido de este libro tiene únicamente finalidad informativa (educativa y orientativa). No implica ni pretende en ningún caso sustituir el consejo médico y profesional. El lector deberá consultar siempre a su profesional sanitario de referencia, para determinar la pertinencia o conveniencia de las recomendaciones en función de su propia situación o diagnóstico médico y profesional acreditado, o si tiene cualquier pregunta relacionada con un problema o tratamiento médico. El hecho de leer este texto no implica el establecimiento de una relación paciente, del que el editor y los autores no se hacen responsables.

Título original: *The Silva Mind Control Method for Getting help from the Other Side*,
por José Silva y Robert B. Stone
© 2024 De la traducción: Alois Adler
© 2025, De esta edición, Editorial EDAF, S.L.U., por acuerdo con José Silva Jr. y Dennis Anthony Stone
© 2025, José Silva y Robert B. Stone
Diseño de la cubierta: Francisco Enol Álvarez Santana
Maquetación y diseño de interior: Francisco Enol Álvarez Santana
Todos los derechos reservados

Editorial Edaf, S.L.U.
Jorge Juan, 68,
28009 Madrid, España
Teléf.: (34) 91 435 82 60
www.edaf.net
edaf@edaf.net

Ediciones Algaba, S.A. de C.V.
Calle 21, Poniente 3323 - Entre la 33 sur y la 35 sur
Colonia Belisario Domínguez
Puebla 72180, México
Teléf.: 52 22 22 11 13 87
jaime.breton@edaf.com.mx

Edaf del Plata, S.A.
Chile, 2222
1227 Buenos Aires (Argentina)
Teléf: +54 114308-5222/+54 9116784-9516
fernando.barredo@gmail.com

Edaf Chile, S.A.
Huérfanos 1178 - Oficina 501
Santiago - Chile
Teléf: +56 9 4468 05 39/+56 9 4468 0537
comercialedafchile@edafchile.cl

Queda prohibida, salvo excepción prevista en la ley, cualquier forma de reproducción, distribución, comunicación pública y transformación de esta obra sin contar con la autorización de los titulares de la propiedad intelectual. La infracción de los derechos mencionados puede ser constitutiva de delito contra la propiedad intelectual (art. 270 y siguientes del Código Penal). El Centro Español de Derechos Reprográficos (CEDRO) vela por el respeto de los citados derechos.

2ª edición, abril de 2025
ISBN: 978-84-414-4308-2
Depósito legal: M-7586-2024

PRINTED IN SPAIN   IMPRESO EN ESPAÑA
COFÁS

Papel 100% procedente ded bosques gestinados de acuerdo con criterios de sostenibilidad

Índice

Primera Parte
Cómo desarrollar el contacto

Capítulo 1
Qué es «El otro lado»?

—¿Puedo recibir ayuda del otro lado?

Por supuesto.

—¿De Dios, quieres decir?

Sí, pero antes de que saques conclusiones, espera unos capítulos.

—¿Lo puede hacer cualquiera?

Cualquiera.

—¿Ahora?

Ahora.

No sabemos mucho sobre el otro lado. Lo que sí sabemos es que existe. Tú existes y yo existo. Somos el resultado de alguna causa. Esa causa es el otro lado.

Una vez le pregunté a un escéptico: «¿Quién te da más lástima: un hombre sin medios visibles de apoyo o uno sin medios invisibles de apoyo?».

«Sin medios visibles», me respondió en el acto.

Es posible que me respondas lo mismo en este momento. A medida que avances en el entrenamiento que te ofrece este libro, verás hasta qué punto son más poderosos tus medios invisibles de subsistencia; conocerás el poder del otro lado.

Hace muchos años, un hombre llamado Lelani Melville Jones escribió un libro titulado *Children of the Rainbow*, sobre los kahuna, los curanderos hawaianos, y la manera en que controlaban la naturaleza. Cuando terminó de escribir el manuscrito, un perro lo despedazó y Jones se vio obligado a escribirlo de nuevo. Cuando lo completó la segunda vez, el manuscrito fue destruido por una gotera. La tercera vez, Jones enfermó y se tuvo que enfrentar a otros obstáculos antes de que su libro viera la luz.

En *Children of the rainbow*, Jones revelaba secretos de los kahuna que podrían haber resultado peligrosos si se revelaban demasiado pronto. De modo que los esfuerzos del autor encontraron resistencias del otro lado y el libro no se publicó hasta el momento adecuado.

En este libro no revelo secretos de este tipo. Lo que hago es repetir verdades creativas presentes a nuestro alrededor desde hace miles de años. Son verdades que el otro lado quiere que conozcamos. Están presentes en la antigua filosofía taoísta de los chinos, en los Upanisad de los hinduistas, en la Cábala de los judíos, en el Corán del Islam y en las palabras de Jesús en los Evangelios. Bien estas palabras no se escuchan, bien no se comprenden. En cualquier caso, buscan ayuda desde el otro lado.

Amanece una Nueva Era

Se dice que estamos entrando en una Nueva Era. Muchos definen la Nueva Era como un periodo en el que todos estaremos más abiertos a la creatividad. Otros dicen que es un periodo de despertar, de conciencia expandida. La conciencia expandida de la humanidad ha acercado el otro lado a este lado. Créeme, ahora está tan cerca que puedes «tocarla».

Cuando empecé a investigar cómo activar más la mente, la gente pensaba que estaba loco. Eso fue en 1944. En aquellos días ni siquiera se podía hablar de los poderes de la mente. En 1966, cuando el Método Silva fue perfeccionado y hecho público, se decía que era maligno.

Hoy el Método Silva ha llegado a la mayoría de edad. La Nueva Era. El Método Silva es validado por los descubrimientos de físicos que describen el espacio como un campo de inteligencia, lo cual confirma la teoría del inconsciente colectivo propuesta hace décadas por el Dr. Carl Jung. La investigación con equipos de biorretroalimentación nos ha permitido medir la actividad cerebral mostrando los cambios que vienen con la relajación…, otro hecho científico coherente con el Método Silva. Y gracias a lo que hoy se sabe sobre el hemisferio derecho del cerebro, el Método Silva es aceptado en casi todos los países del mundo, y millones están usando el entrenamiento con éxito.

¿Nos ayuda el Método Silva a contactar con el otro lado? No, porque ya estamos en contacto con el otro lado. ¿Nos da privilegios especiales con el otro lado? No…, nadie, a los ojos del otro lado, es especial. Entonces, ¿qué hace el Método Silva?

Simplemente nos ayuda a usar nuestro contacto natural con el otro lado, efectivamente, para hacer de este un mundo mejor en el cual vivir.

La creación es la meta del otro lado. El Creador sigue creando, no solo en el espacio, sino también aquí, en la Tierra. Hay aspectos de este planeta que todavía están en proceso de formación. Las masas de tierra avanzan; los volcanes escupen lava para añadir nuevas tierras; los terremotos remodelan y reforman; la erosión crea más llanuras aprovechables; surgen islas completamente nuevas en el océano.

Pero el Creador necesita la ayuda del hombre en la creación. El hombre es necesario para crear un barco, un avión o una locomotora. El Creador necesita al hombre para crear ropa, muebles y casas. El hombre debe ser cocreador en el desarrollo de ordenadores, fuentes de energía e industrias.

¿Es posible que el otro lado esté buscando obtener más ayuda de nosotros, los humanos? ¿Para hacernos mejores cocreadores? El Creador puede haber dado la respuesta a esta pregunta. Esa respuesta puede ser la Nueva Era. Y parte de la Nueva Era es el Método Silva.

Un vistazo entre bastidores

Helen H. recibía molestas llamadas telefónicas de un pretendiente rechazado. No aceptaba un no por respuesta. Ella se compró un teléfono nuevo con interruptor de encendido y apagado para que no la molestara por la noche, pero él la llamaba al trabajo y todo el fin de semana. Se sentía acosada. Recibió cartas sin firma que estaba segura de que eran de él.

Helen llegó a la conclusión de que necesitaba ayuda para resolver el problema. Una noche, después de limpiar la cocina, decidió pedir ayuda al otro lado. Se sentó en el sofá del salón, cerró los ojos y respiró hondo varias veces. Al cabo de un minuto, abrió los ojos. Se sentía muy bien. Sabía que el problema estaba resuelto. Y así fue. Aquel hombre no volvió a ponerse en contacto con ella.

¿Qué hizo Helen durante ese minuto? Pues lo mismo que hizo Arthur cuando decidió que necesitaba ayuda del otro lado para encontrar piso. Su contrato de alquiler vencía en un mes y no se renovaría porque el propietario había vendido la vivienda. Arthur se sentó en un cómodo sillón, cerró los ojos y respiró hondo varias veces. Al cabo de un minuto, abrió los ojos. Se sentía satisfecho. Tenía el presentimiento de que todo saldría bien. Y así fue. El nuevo propietario le llamó poco después; tardaría un año en mudarse. ¿Le gustaría a Arthur quedarse?

¿Qué hicieron Helen y Arthur mientras estaban sentados con los ojos cerrados? ¿Rezar? No en el sentido convencional. Pero contactaron con el otro lado. Contactaron con el otro lado ralentizando sus ondas cerebrales para activar los hemisferios derechos de sus cerebros. El hemisferio derecho del cerebro es nuestra conexión con el reino creativo. Cuando nos apoyamos en el hemisferio derecho, nos abrimos al otro lado.

Pero, ¿cómo ralentizaron sus ondas cerebrales? ¿Cómo usaron el hemisferio derecho para obtener ayuda inmediata del otro lado?

Treinta y dos horas de formación del curso Silva responderán a estas preguntas. Puedes leer este libro de principio a fin y aprender el método que Helen y Arthur encontraron tan útil. ¿Merece la pena? La respuesta es sencilla: ¿cuánto vale para ti un «medio de apoyo invisible»? El otro lado es precisamente ese apoyo, y con el otro lado de tu lado, no hay límites para lo que puedes alcanzar. Créeme, merece la pena.

Por qué necesitamos ayuda del otro lado

En algún momento de la evolución, la humanidad se equivocó de camino. Perdimos el rumbo y nos separamos de nuestra fuente. Quedamos hipnotizados por el mundo físico. Ahora nuestros sentidos dominan nuestras vidas. Para la mayoría de nosotros, no hay nada más que el mundo físico del dolor corporal, el placer corporal, la comodidad corporal. Es un mundo de habilidades físicas, de vista, sonidos, olores y sabores físicos.

Nuestra preocupación por el mundo físico nos ha llevado a una educación orientada a lo material. Cada generación respeta más este mundo físico y menos lo que no puede verse, sino solo intuirse, imaginarse o visualizarse.

El hemisferio derecho del cerebro es nuestra «conexión» con un mundo más allá de este mundo físico; es nuestro vínculo con el otro lado, con el reino creativo donde nos formamos. A medida que nos involucramos más y más con este mundo físico, el hemisferio derecho pasa a un segundo plano y confiamos en el hemisferio izquierdo para que piense por nosotros.

El cerebro derecho es ahora casi un órgano vestigial. No lo necesitamos para sobrevivir en el mundo físico. Nos las arreglamos bien como personas de cerebro izquierdo, lógicas y eficientes. Pero entonces nuestra empresa se fusiona con otra, el puesto deja de ser necesario y nos quedamos sin trabajo. Las facturas se acumulan. Estamos al límite de nuestras fuerzas. Rezamos, no pasa nada y nos preguntamos por qué. Necesitamos ayuda de nuestro otro lado, pero cuando lanzamos la llamada de socorro, aparentemente no se oye. Es como si los cables del teléfono estuvieran cortados.

Nuestra conexión no está cortada, pero podría estarlo. Como nos hemos concentrado en el mundo material, nos hemos desconectado del otro lado. Nuestro contacto con el reino creativo del cerebro derecho nos da la libertad de restablecer nuestra conexión con el otro lado. En este mundo de cerebro izquierdo, nunca —desde la infancia hasta la tumba— se nos enseña a utilizar el cerebro derecho para contactar con el otro lado. Pero todo esto está cambiando. Se están abriendo nuevos horizontes y el Método Silva puede ser tu oportunidad para conseguir la ayuda que necesitas.

Cómo reconocer la ayuda del otro lado

Un pequeño barco se vio en problemas en aguas al este de Honolulu. La embarcación había partido hacia California, cuando de repente se abrió una vía de agua. La tripulación pidió ayuda por radio a los guardacostas. Las noticias de la noche informaron de que los guardacostas no podrían llegar a la embarcación en apuros antes del anochecer y que la ayuda tendría que posponerse hasta la mañana siguiente.

Una mujer que escuchó las noticias cayó en la cuenta de que la embarcación era la misma en que sus hijos habían zarpado esa mañana. Inmediatamente telefoneó al profesor local del Método Silva de Control Mental.

Preguntó: «¿Tienen los graduados su reunión mensual esta noche?».
«Sí, a la misma hora y en el mismo lugar», fue la respuesta.

Le contó el problema al profesor. «¿Podrían ayudar los graduados?».
«Por supuesto».

Esa noche, en la reunión, unas treinta personas cerraron los ojos y respiraron hondo. Después de uno o dos minutos abrieron los ojos.

A la mañana siguiente, los guardacostas informaron de que no habían encontrado el barco y se temían lo peor. La madre «sabía» lo contrario. Pasaron los días sin noticias. Al octavo día, sus hijos llamaron desde California. De alguna extraña manera, la fuga del barco se había arreglado sola aquella primera noche. A partir de entonces, el viaje transcurrió sin incidentes, salvo que la radio no funcionaba.

Comparemos este suceso con otro en el que se vio implicado el mismo grupo de graduados del Método Silva en Hawái. Unos días antes de la reunión mensual, los periódicos publicaron una noticia sobre una plaga de mirlos que asolaba una comunidad de Maryland. Los pájaros estaban despojando a las granjas locales de toda la vegetación. Se disparó al aire, se encendieron hogueras y se hicieron otros esfuerzos para ahuyentar a los pájaros. Nada funcionó.

«¿Por qué no ayudamos a esos pobres granjeros de Maryland a deshacerse de los mirlos?», sugirió un graduado.
«Buena idea», fue el consenso.
Ojos cerrados, respiraciones profundas.

A las 6 de la mañana del día siguiente, hora de Maryland, los mirlos se marcharon. Era medianoche, hora de Hawái, solo dos horas después de que los graduados «trabajaran» en el problema.

¿Se parecen en algo estos dos acontecimientos? Una explicación del éxito de los dos incidentes podría ser una simple coincidencia.

Las soluciones que implican la ayuda del otro lado desafían con frecuencia la explicación lógica desde este lado. Entonces entra en juego la palabra «coincidencia». «Coincidencia» designa una serie accidental de acontecimientos que parecen tener una relación causal. Las coincidencias a menudo parecen diseñadas desde el reino causal, el otro lado. Este reino causal es el reino que «causó» el tiempo y el espacio. El tiempo, el espacio y la materia son los componentes básicos del mundo físico. No existen en el reino causal. Por lo tanto, el otro lado no está sujeto a las limitaciones del tiempo y el espacio.

El barco que se arregló estaba a muchos kilómetros de las mentes de los graduados del Método Silva que instigaron la reparación. Los mirlos de Maryland también estaban a muchos miles de kilómetros de Hawái. En ninguno de los dos casos la distancia fue un obstáculo. Las soluciones que implican la ayuda del otro lado desafían con frecuencia el tiempo y la distancia. Los científicos solían echarse las manos a la cabeza ante cualquier indicio de sucesos de este tipo: ¡imposible! Hoy en día, observan cambios en las partículas atómicas en una parte del mundo que provocan cambios en las partículas atómicas en el extremo opuesto de la Tierra.

Sin embargo, el hecho de que algo parezca una coincidencia o trascienda el tiempo o el espacio no significa que haya sido causado por la otra parte. Tampoco es necesario que los cambios provocados por el otro lado parezcan trascender las leyes de la posibilidad.

Sí, vemos milagros todos los días. Pero también vemos cómo se sortea un pequeño obstáculo, se cura una molesta enfermedad o aparece la persona adecuada. Sin fanfarrias, sin magia, sin drama.

Solo ayuda.

¿Qué es el Método Silva?

El Método Silva es una forma de relajar el cuerpo y la mente, y de utilizar, a continuación, la frecuencia de ondas cerebrales ralentizada y la actividad cerebral derecha aumentada para producir algún resultado positivo.

El uso del cerebro derecho es la clave. Como el hemisferio derecho está en contacto con el resto de la inteligencia del universo —la fuente creativa—, crea.

✓ Donde hay un problema, crea una solución.
✓ Donde existe anormalidad, crea normalidad.
✓ Donde hay conflicto, crea armonía.

Si el Método Silva se limitara a relajar el cuerpo y aquietar la mente, podría llamarse meditación tradicional, pero es más que eso. El Método Silva es activo;

es dinámico. Lo que ocurre después de esas tres respiraciones profundas no es el estado de «mente en blanco» que se suele asociar con la meditación tradicional, sino un estado de atención plena. Cuando se usa el Método Silva, cada persona controla su propia mente para aprovechar las energías creativas de su Ser Superior.

El Método Silva debe diferenciarse de la meditación pasiva tradicional practicada por yoguis y gurús orientales. Los autores Robert Leichtman y M. S. y Carl Japikse describen un estilo alternativo de meditación en su libro *Active Meditation: The Western Tradition.* Meditación activa es una buena descripción del Método Silva. Una mejor podría ser meditación dinámica. La palabra «dinámica» tiene más energía; suena más creativa.

Por lo tanto, el Método Silva es una forma de meditación dinámica. Pero meditación es un término amplio, casi genérico, que no se centra en la metodología. De hecho, debido a la antigua imagen pública de la meditación como una postura mental pasiva, usar el término puede ser engañoso incluso cuando se adjetiva con la palabra «dinámica».

Verás que el Método Silva es consciente, no mental. Cuando empleamos el Método Silva, controlamos nuestra mente. La expresión «control mental» proporciona una muy buena descripción de lo que hacemos.

> El Método Silva de Control Mental supera la meditación estándar. Es una manera comprobada de usar tu mente para activar más inteligencia de la que nunca antes has utilizado.

El otro lado al descubierto

No pretendo saber cómo es el otro lado ni cómo funciona. Aunque lo supiera, no habría palabras disponibles para contártelo; nuestras palabras están diseñadas para el mundo físico de la materia y no para el lugar de donde procede, el mundo de la inteligencia y la energía.

Sin embargo, me mantengo al corriente de la ciencia moderna. Estoy al tanto de lo que descubren los físicos a medida que penetran en la materia dentro de la partícula más pequeña del átomo. Estudio la nueva física y las teorías propuestas para abarcar sus descubrimientos dentro de los parámetros de la vieja física. Todos estos descubrimientos recientes apuntan a una fuerza espiritual o inteligente detrás del mundo físico. Los científicos tienen cada vez más pruebas de que el espacio no es la nada; el espacio es algo. Ese algo es un continuo con propiedades o características. Una de esas propiedades es la inteligencia. La inteligencia llena todo el espacio, y ese espacio puede ser solo una parte de la imagen completa.

Así que aquí estamos —tú y yo— en el espacio, rodeados de inteligencia. ¿La piel y los huesos de nuestro cráneo impiden que utilicemos esa inteligencia?

La respuesta es no.

Como ya he dicho antes, todos tenemos acceso a la inteligencia que hay al otro lado de este cráneo. De eso tratan las páginas que siguen. Esta inteligencia penetra en nosotros y nosotros penetramos en ella. Por tanto, está tanto fuera como dentro de nosotros.

¿Dónde está «el otro lado»? El otro lado está a tres kilómetros por la carretera y gira a la derecha a la altura del granero rojo. También está a tres kilómetros en dirección contraria. También está allí, allí y allí, si perdonas que te señale. También está allí arriba y allí abajo.

El hecho es que el llamado «otro lado» está en este lado, dondequiera que mires. Pero también está en un lugar donde no puedes mirar. El otro lado está en un lugar sin espacio, un lugar que no ocupa espacio ni tiempo. Es el lugar donde se crearon el espacio y el tiempo. Es el reino creativo. Está al otro lado del mundo físico. No se puede llegar en avión, ni en transporte supersónico, ni siquiera en un transbordador espacial. Pero puedes contactar con él utilizando correctamente ambos lados de tu cerebro.

Equilibrio entre los cerebros

El dueño de una ferretería de una pequeña ciudad de Virginia Occidental tenía un hemisferio derecho dominante. «Sabía» intuitivamente lo que un cliente le iba a pedir en el momento en que el coche pasaba por delante de su tienda. Cuando el cliente entraba en la tienda y se acercaba al mostrador, la pintura, los clavos y la lija ya estaban sobre el mostrador, esperándole.

«¿Algo más?», preguntaba el dueño.

Aunque hubiera algo más, el cliente estaba demasiado aturdido para acordarse. Resultado: el propietario perdía ventas, porque la mayoría de los clientes preferían conducir 16 km más por la carretera hasta una tienda en la que sus compras no estuvieran tan desconcertantemente previstas.

La moraleja de la historia es que podemos meternos en problemas si abusamos de un solo lado del cerebro, incluso si es el cerebro creativo derecho. Con las dos mitades trabajando para nosotros, obtenemos ayuda del otro lado que podemos utilizar de forma aceptable en este lado. Cuando logramos un equilibrio, conseguimos resultados.

Cuando empieces a utilizar tu hemisferio derecho siguiendo las instrucciones de este libro, tendrás suerte, conocerás a la persona adecuada, resolverás un círculo vicioso aparentemente insoluble, tendrás un destello de perspicacia digno de un genio. Puedes dejarte llevar fácilmente por tus nuevas habilidades si no mantienes los dos pies en el suelo. El cerebro izquierdo nos mantiene anclados.

El Método Silva nos enseña que es importante disfrutar de lo mejor de ambos lados, de ambos mundos.

Ayuda del otro lado para una mayor creatividad

Cuando empieces a activar el hemisferio derecho, como harás en el próximo capítulo, sabrás cosas, cuando las necesites, que no tienes forma aparente de saber. Aunque te parezca que estás adivinando, tus «adivinaciones» serán acertadas.

Cada vez que utilices el Método Silva, lo harás mejor. Eventualmente ni siquiera necesitarás usar los pasos específicos del Método Silva para obtener la información que necesitas. Te volverás más creativo de forma natural.

Un tendero que se entrena con este libro, o que asiste a una sesión de entrenamiento del Método Silva, será más hábil en establecer un inventario apropiado de temporada en temporada. Él o ella sabrá qué artículos almacenar y en qué cantidad. Este conocimiento significa una rotación de inventario más rápida y de mayores beneficios; también significa clientes satisfechos que son capaces de encontrar lo que necesitan cuando lo necesitan. El tendero no solo ganará más dinero, sino que también contribuirá a hacer de este un mundo mejor en el que vivir.

Un médico u otro profesional de la salud que se entrena para ser más creativo puede ser más preciso en el diagnóstico que cualquier equipo de laboratorio. Los sentidos del hemisferio izquierdo pueden ser engañados. Los sentidos del hemisferio derecho son fiables. Además, el aumento de la espiritualidad hace que disminuya el afán de «enriquecerse rápidamente» y aumente el anhelo de servir al bienestar del paciente.

Un industrial puede utilizar la formación y su creatividad resultante para saber qué productos fabricar y qué precios cobrar. Un agente de la ley podrá detectar o seguir la pista de un delincuente de forma intuitiva. Un dirigente gubernamental formado puede utilizar la creatividad para proyectarse en el futuro y detectar las necesidades de la población y estar preparado para ellas.

Si todos los líderes gubernamentales de todas las naciones estuvieran formados, podrían detectar los planes e intenciones futuras de los demás. No habría sorpresas y reinaría la paz.

Sin embargo, debemos empezar donde estamos. Eso significa que debes empezar por ti mismo. Debes aprender a activar tu cerebro derecho, tu conexión con el otro lado.

Cuando trabaja para ti esta conexión puede traerte ventajas que están más allá de tu capacidad de aceptación ahora mismo. ¿Puedes aceptar el hecho de que eres capaz de influir en la gente con buenos propósitos sin decir una sola palabra? ¿Puedes aceptar el hecho de que eres capaz de alcanzar cualquier meta concebible? Aceptar estos hechos es imprescindible; antes de que puedas experimentar tales cosas, tú y yo tenemos que convencer a tu cerebro izquierdo de lo maravilloso que puede ser tu cerebro derecho. De lo contrario, tu cerebro izquierdo se interpondrá en tu camino. Eso es lo que estoy haciendo en este momento, dándote los hechos lógicos que tu cerebro izquierdo necesita. El semáforo en rojo está a punto de ponerse en verde. Cuando esto ocurra, empezarás una vida nueva, más creativa.

Ejercicios del Método Silva

No tienes que saber cálculo para tener éxito en el entrenamiento del Método Silva. Ni siquiera tienes que saber aritmética. Todo lo que tienes que saber es cómo contar. No tienes que ser un estudiante de literatura o un amante de la poesía. Todo lo que tienes que hacer es leer cuidadosamente. La educación formal no es un requisito previo para la formación del Método Silva. El único requisito es algo que es tabú en la mayoría de las aulas: la capacidad de soñar despierto. Y todos podemos soñar despiertos. Los ejercicios que te esperan son métodos de relajación e instrucciones para soñar despierto con eficacia.

Para empezar, estos ejercicios se hacen con los ojos cerrados. Más adelante, podrás realizarlos con los ojos abiertos. Con los ojos cerrados, te relajarás utilizando una serie de técnicas de relajación estándar aumentadas por unas pocas que son exclusivas del Método Silva. Una vez relajado, se te pedirá que te des instrucciones verbales o que te imagines mentalmente de ciertas maneras. Terminarás la sesión contando hacia arriba, dándote instrucciones positivas y abriendo los ojos.

El Método Silva puede parecer sencillo, pero entre bastidores se pone en marcha una maquinaria importante; un simple acto puede producir resultados espectaculares. Ahora enumeraré la cadena de acontecimientos que te enlaza con el otro lado, dejando las explicaciones más completas para los capítulos siguientes. Al relajar tu cuerpo, permites que tu mente se relaje. Al relajar tu mente, ralentizas la frecuencia de tus ondas cerebrales. Al reducir la frecuencia de tus ondas cerebrales a aproximadamente la mitad de la frecuencia normal de vigilia, elevas el nivel de actividad del hemisferio derecho de tu cerebro, haciéndolo tan activo como el hemisferio izquierdo. Cuando ambas mitades del cerebro están activas, la mente puede programarse de forma consciente y deliberada, como un ordenador. Se utilizan palabras y/o imágenes mentales para programar el ordenador y controlar la mente. Imaginar mentalmente —utilizar la visualización y la imaginación— es una actividad del hemisferio derecho del cerebro, que está «conectado» con el otro hemisferio. Tu ordenador mental se conecta entonces al Ordenador Superior, si quieres, y tu necesidad es «escuchada». Cuando es escuchada por el Ser Superior, o por la Inteligencia Superior, o por la Fuente, o por Dios, tu necesidad es satisfecha.

Así es como funciona. Y así ha estado funcionando desde que la humanidad llegó a la Tierra, pero en algún punto del camino perdimos la fórmula simple. Olvidamos hacer el contacto. Los ejercicios del Método Silva vuelven a poner la fórmula en tus manos.

Un vistazo al panorama general

Imagina nuestra situación si no pudiéramos obtener ayuda del otro lado. Estaríamos solos en el planeta Tierra, creados pero aislados del Creador, intentando resolver problemas sin el beneficio de la intuición o la inspiración, y limitados a nuestros «ordenadores» personales sin acceso a un Ordenador más grande. En cierto modo, no hace falta que imagines ese dilema: ya estamos en él.

Mira cómo estamos destruyendo nuestro planeta, peleando entre nosotros y llenando nuestras prisiones y hospitales. Está claro que necesitamos ayuda de una fuente superior. Y podemos conseguir esa ayuda si cada vez más de nosotros aprovechamos los beneficios del otro lado.

Una vez que conectamos con el otro lado, invocamos la sabiduría, controlamos las emociones y nos convertimos en supergeneradores de ideas. Empezamos a vivir en armonía con nosotros mismos y con los demás. Con la ayuda del otro lado, nos convertimos en genios, benefactores y estadistas; hacemos de este un mundo mejor para nosotros y para los demás.

No basta con leer este libro. Debes cerrar el libro y hacer que el Método Silva forme parte de tu vida. No hay atajos. Debes aprender y practicar concienzudamente todos los ejercicios. Cada ejercicio prepara el camino para el siguiente; es un proceso paso a paso.

> El contacto con el otro lado no está lejos, solo unos pocos pasos mentales y ya estás allí. Los beneficios comienzan casi de inmediato. Cuanto más utilices el contacto, mayores serán los beneficios.

He visto a personas que consideraban sus vidas un infierno al experimentar cambios tan drásticos que ahora viven en un estado de paz dichosa. También he visto a personas que se encogen de hombros ante el concepto de «el otro lado» y se alejan. En el momento de escribir esto, unos ocho millones de personas han redescubierto su contacto con el otro lado utilizando el Método Silva. Te animo a que te unas a esos individuos que se han arriesgado y se han abierto a un Ser Superior y han dejado que el otro lado haga su trabajo en sus vidas. Si estás dispuesto a tomarte el tiempo para disfrutar de los beneficios del Método Silva en tu vida diaria, sígueme.

Capítulo 2
Lo que la ayuda del otro lado puede suponer para ti

El proceso creativo de la Tierra parece haber topado con un escollo. El aire se ha enrarecido, el agua se ha contaminado y el propio suelo se ha infestado de sustancias químicas venenosas. Como resultado, parte de la flora y la fauna se ha extinguido o están en peligro de extinción. La humanidad, aparentemente a cargo del proceso creativo de este planeta, es en sí misma el inconveniente. Nos hemos convertido en una influencia destructiva no solo para el planeta, sino también para nosotros mismos. Estamos contaminando nuestra conciencia con imágenes de crimen, violencia y muerte.

¿Cuándo empezó? ¿Cómo acabará? La respuesta a estas preguntas parece estar más relacionada con la sociedad en general que con el individuo en particular. Pero dentro de un momento verás lo importantes que son estas respuestas para nuestra condición inmediata: tu éxito, tu prosperidad, tu salud, tu felicidad.

La destrucción comenzó cuando el hombre se volvió excéntrico. No quiero decir excéntrico en el sentido de ser raro o caprichoso, sino excéntrico en el sentido de estar descentrado.

Como he dicho antes, el hombre tiene dos hemisferios cerebrales. El izquierdo se interesa por este mundo material, y el derecho por el reino no material. Solo el 10% de nosotros piensa de forma equilibrada utilizando ambos hemisferios. El 90% restante utiliza el hemisferio izquierdo casi excluyendo el derecho. El pensamiento está descentrado.

Lo que marca la diferencia es la frecuencia de las ondas cerebrales. El pensamiento del mundo físico se realiza a unos 20 ciclos por segundo. Cuando centramos nuestro pensamiento a 10 ciclos por segundo, equilibramos la actividad de los hemisferios.

Si el cerebro izquierdo es el pensamiento del mundo físico, el cerebro derecho es el pensamiento del mundo espiritual. El pensamiento excéntrico tiene lugar sin ayuda espiritual. El pensamiento centrado recurre a la ayuda espiritual.

Así que aquí estamos, descentrados en nuestro pensamiento, amenazando con la destrucción de nuestro planeta y de nosotros mismos. ¿Cómo acabará?

Terminará cuando consigamos ayuda del otro lado. Terminará antes para la persona que active el hemisferio derecho del cerebro, nuestra conexión con el otro lado.

A medida que más y más de nuestros ordenadores mentales se centran, no solo se produce un efecto acumulativo en la conciencia de las masas, sino también un efecto cibernético que acelera el cambio exponencialmente.

Podemos salvar nuestro planeta y curarnos a nosotros mismos.

Cómo volvernos menos destructivos y más creativos

El hombre o la mujer típicos funcionan en un rango de frecuencias cerebrales de 1 a 20 ciclos por segundo: 20 ciclos cuando están despiertos, de 1 a 4 ciclos cuando están dormidos, y rara vez en las frecuencias intermedias, excepto cuando pasan de despiertos a dormidos o de dormidos a despiertos. Sin embargo, las frecuencias intermedias son las que proporcionan el uso consciente del hemisferio derecho del cerebro, nuestra conexión espiritual. La frecuencia de pensamiento ideal se produce en el centro del espectro de frecuencias cerebrales, a 10 ciclos por segundo, que los científicos denominan nivel Alfa.

Las personas que piensan, analizan sus problemas, buscan ayuda del otro lado mientras están en el nivel Alfa, están centradas. Su conciencia está conectada con la Inteligencia Superior. Cuando obtienen una respuesta, aunque parezca una adivinación, aciertan más veces de las que se equivocan. Se podría decir que están divinamente inspirados o, si lo prefieres, que son instintivos o intuitivos. Estas son las personas que ayudan a la Creación en lugar de trabajar contra ella. Se podría decir que se han convertido en socios de Dios, porque ayudan a Dios y Dios les ayuda a ellos. Están recibiendo ayuda del otro lado al estar en el nivel Alfa. Es así de simple.

Muchos de vosotros os podéis sentir defraudados por la simplicidad del contacto. Tal vez prefiráis oír que las oraciones funcionan cuando dais el diezmo en la iglesia, o cuando juntáis las palmas de las manos de una determinada manera, o cuando os sumergís en las aguas del bautismo, o cuando confesáis vuestros pecados. Si alguna o todas estas acciones son significativas para ti, entonces también son un complemento necesario para pasar al nivel Alfa. Estos actos adicionales aumentarán tu contacto. Nada en el Método Silva contradice o entra en conflicto con las religiones del mundo. El Método Silva solo hace el reino espiritual más accesible a ti.

Debemos reconocer nuestra proximidad a Dios. Debemos buscar cualquier cosa que fortalezca nuestra proximidad a Dios. Si te sientes separado de Dios, sabes quién se movió. Si te sientes separado de tu fuente creativa, la vida diaria será más difícil para ti que para alguien que se siente más cerca de ella.

Mantente «en sintonía» para llevar una vida más fácil

Sidney W. era usuario del Método Silva. Sabía que la fórmula para mantenerse «en sintonía» era utilizar el nivel Alfa: relajarse e imaginar. Sidney era contable y tenía una próspera consulta. Pero se sentía vacío en su trabajo. Se sentía como un extraño observando el mundo de la actividad empresarial. Sentía que debía hacer algo más que trabajar con números. Necesitaba ser más creativo.

Sidney decidió utilizar una técnica del Método Silva conocida como el Espejo de la Mente. Relajó el cuerpo y la mente de la forma fácil que había aprendido y visualizó el problema en un espejo de marco azul. Se vio a sí mismo haciendo bien su trabajo, pero sin sentirse realizado con él. Luego cambió el marco del espejo por uno blanco y visualizó el objetivo que deseaba alcanzar: un abanico más amplio de actividades y mayor satisfacción. Todo el procedimiento duró menos de tres minutos. En los días siguientes, cada vez que Sidney se sentía vacío en el trabajo, imaginaba inmediatamente aquel espejo de marco blanco y la imagen de la solución que había utilizado.

Al cabo de una semana, uno de sus clientes le propuso emprender una aventura que consistía en introducir un nuevo producto de consumo en su ciudad. Sería un proyecto desafiante y creativo que requeriría conocimientos de contabilidad, pero también un don para los procedimientos de *marketing* más innovadores. Sidney aceptó y, con el tiempo, alcanzó un volumen bruto de ventas muy superior al objetivo del primer año; lo que es más importante, también tenía más energía, disfrutaba más del trabajo y tenía más ganas de vivir.

¿Había alguna relación entre la imagen mental relajada de Sidney y la oferta del cliente?

Los escépticos dirán: «Coincidencia».

Los usuarios del Método Silva experimentamos muchas «coincidencias» felices. Empezamos a considerarlas como creaciones de Dios en las que Él no ha puesto su firma.

Cómo controlar tu mente para obtener resultados

El cerebro tiene 30 000 millones de neuronas. Cada neurona es un conjunto de átomos que funciona para ti como los componentes de un ordenador. Llevas incorporado un ordenador con miles y miles de millones de componentes, superior a cualquier máquina fabricada por el hombre. La mayoría de los ordenadores de oficina pueden comunicarse con sistemas informáticos externos a través de las líneas telefónicas, aprovechando vastos cuerpos de información para complementar su propia programación. Nuestro ordenador mental puede hacer lo mismo a través de su hemisferio derecho, accediendo a un Ordenador más grande que se llama Inteligencia Superior. Sin actividad en el hemisferio derecho, no hay conexión con el ordenador más grande.

Cuando Sidney, el contable, se relajó y visualizó con el Método Silva, tenía ambos hemisferios trabajando para él. Cuando visualizó su problema en el espejo de marco azul y la solución en el espejo de marco blanco, su ordenador mental se conectó inmediatamente a un ordenador más grande que tenía información de muchos otros y así pudo crear una solución a su problema. Sidney recibió ayuda del otro lado.

Si utilizara lenguaje informático en este libro, la mayoría de los lectores se echarían las manos a la cabeza. El mundo de la informática tiene su propio lenguaje, que no entienden fácilmente los de fuera. Los filósofos también tienen un lenguaje. Y los religiosos. Y los científicos. Todos estos lenguajes son formas diferentes de decir lo mismo.

Supongamos que le hacemos la misma pregunta a cada uno: ¿Cómo conseguir ayuda del otro lado? ¿Qué responderían?

El filósofo podría decir: «Sintoniza tu inteligencia con la Inteligencia Superior».

El religioso podría decir: «Lee las Escrituras y reza profundamente a Dios».

El científico podría decir: «Activa el hemisferio derecho de tu cerebro para entrar en contacto con el campo morfogenético».

En realidad, los tres dicen lo mismo. Sin embargo, es posible que tú, lector, te sientas más cómodo con una de estas respuestas que con las otras. ¿Cómo os satisfago a todos? ¿Cómo hablo todos vuestros idiomas a la vez?

Las instrucciones de este libro son potencialmente tan importantes para ti que debo hablar tu idioma. Por eso utilizo indistintamente términos filosóficos, religiosos y científicos. Algunos lectores pueden sentirse más cómodos con el término «Dios» que con «Inteligencia Superior», o más a gusto con «Inteligencia Superior» que con «campo morfogenético». Si utilizo los tres términos, seleccionando el que parezca encajar mejor en un contexto concreto, con el tiempo te sentirás cómodo con los tres.

En cierto modo, este uso de terminología diferente ayuda a todos a obtener ayuda del otro lado más fácilmente. El motivo es que la separación, las diferencias y la polaridad son características del hemisferio izquierdo del cerebro. El cerebro derecho —nuestra conexión con el otro lado— no ve diferencias. Ve lo mismo. Ve el denominador común detrás de todas las diferencias aparentes. Ve la unidad detrás de la diversidad.

A medida que avanzamos hacia la tolerancia de las diferencias, nos convertimos en mejores operadores de nuestros ordenadores mentales, más en sintonía con la Inteligencia Superior, más cerca de Dios, más cerebros derechos.

Cómo usar más el cerebro derecho

Si todas las personas del mundo tuvieran una visión más holística, si entendieran el planeta Tierra como un organismo vivo en el que cada parte es necesaria para el bienestar del todo, se aliviaría la tensión en el mundo y se recuperaría el equilibrio y la armonía entre el hombre y el hombre, así como entre el hombre y su entorno. Además de una mayor conciencia de nuestra responsabilidad global, avanzaríamos hacia un sentimiento de conexión humana y conciencia espiritual más profundos. El planeta Tierra podría convertirse en un paraíso. Probablemente te preguntes: «¿Cómo se inicia este cambio?». La respuesta es sencilla: empieza por ti. A medida que relajas tu cuerpo, serenas tu cabeza e imaginas mentalmente los cambios que deseas en tu vida, cuando estas mejoras llegan, experimentas un cambio sutil en tu actitud. Tus expectativas y convicciones aumentan, lo que te pone en disposición de buscar nuevas mejoras. Te relajas e imaginas, y de nuevo llega la mejora. Las expectativas y las convicciones suben otro peldaño.

Las expectativas y las convicciones son factores importantes para el éxito. Cuanto mayores sean tus expectativas y tu confianza, mejor será tu «promedio de bateo» para conseguir ayuda del otro lado. La falta de expectativas y convicciones es la forma que tiene el hemisferio izquierdo de permitir que las limitaciones del mundo físico gobiernen tus acciones. El cerebro izquierdo dice: «No va a suceder, porque no es lógico».

Cuando instruyes a tu ordenador mental para que siga adelante, lo hace. Cuando le dices que pare, se detiene. La falta de convicciones es un «stop». Cuando pensamos más con el hemisferio derecho, el hemisferio izquierdo se interpone con menos frecuencia y de forma menos molesta. Somos más capaces de superar las limitaciones lógicas y creer en nuestra capacidad para resolver problemas y alcanzar objetivos.

Recibimos ayuda para alcanzar nuevos niveles de salud, prosperidad y felicidad. Ya puedes adivinar de dónde viene esa ayuda: del otro lado.

Cómo llega la ayuda del otro lado

A principios de los sesenta, unos años antes de hacer público el Método Silva, mi investigación me había agotado económicamente y también empezaba a sentirme espiritualmente agotado. Una noche, unas dos horas después de haberme dormido, me despertó una luz brillante dentro de mi cabeza. Colgando de la luz había dos grupos de números, uno encima del otro. La primera serie era 3-4-3; bajo ella, la segunda serie era 3-7-3. También recibí una impresión de Cristo y vi un pasaje que había leído una vez en un tratado anónimo llamado «Una vida solitaria». El pasaje era una conmovedora descripción de cómo una vida puede afectar a muchas.

Parte del Método Silva es obtener respuestas del otro lado en un sueño, un sueño que puedes recordar, entender y usar para resolver problemas. Así que tenía una gran curiosidad por conocer el significado del sueño.

Durante todo el día siguiente, reflexioné sobre el significado de esos números. ¿Tenía que llamar a alguien con ese número o ponerme en contacto con un conductor con esa matrícula? Busqué estos números en vano.

Cuando empezaba a cerrar mi negocio de electrónica en Laredo, Texas, a las 8:45 de la tarde, mi mujer entró desde nuestra casa, que estaba enfrente.

—José, si cruzas a Nuevo Laredo para atender una llamada de servicio, tráeme una botella de alcohol medicinal —me pidió.

—Cariño —le contesté—, no tengo ninguna llamada del otro lado de la frontera, pero de todas formas iré a traerte una botella.

En ese momento entró un viejo amigo mío y se ofreció a acompañarme. Por el camino, le conté mi sueño. A él también le interesaban los poderes de la mente, así que sabía que no iba a pensar que estaba loco.

—En México hay lotería —me recordó—. ¿Por qué no vamos a la oficina de lotería?

—¿Qué tenemos que perder? —le respondí.

Nos detuvimos frente a ella. La oficina cerraba a las nueve y pasaban unos minutos; acabábamos de perderla.

Fuimos a la tienda a por el alcohol. Mientras lo compraba, mi amigo recorrió la tienda y se topó con unos billetes de lotería colgados de una cuerda.

—¿Qué números buscas? —me preguntó.

—Son el 3-4-3 y el 3-7-3.

—¡El número 3-4-3 está aquí!

—¡Me tomas el pelo! —exclamé, corriendo hacia donde él estaba.

Efectivamente, allí estaba. Compré ese billete y los cinco que quedaban en esa hoja. Nunca encontré el 3-7-3, pero a los pocos días me enteré de que había ganado. Volví a casa de la oficina de lotería con 10 000 dólares libres ya de impuestos.

Mira todos los acontecimientos que me llevaron al billete con el número que había soñado. ¡Qué sincronización! ¡Qué «coincidencia»!

Ganar la lotería restauró mis finanzas y mi ánimo. La impresión de Cristo y «Una vida solitaria», ¿eran la firma del «autor» de estos acontecimientos fortuitos? Fue una ayuda inequívoca del otro lado.

A veces, la ayuda del otro lado puede ser incluso más inmediata. Puede ser más sutil y menos evidente. Puede venir de forma más o menos directa. Puede llegar a través de un familiar o de un perfecto desconocido. Puede flotar frente al océano o soplar en el viento.

Una viuda con cuatro hijos pequeños tuvo que decepcionarlos un día caluroso, porque no tenía los billetes de autobús para llevarlos a la playa. Se relajó y se los imaginó en la playa. Cinco minutos después, uno de los pequeños entró corriendo.

—Mira, mamá. Me acabo de encontrar esto en la hierba —dijo el niño. —Era un billete de cinco dólares. Otro ejemplo de ayuda desde el otro lado.

Dentro de un momento te pediré que dejes este libro y disfrutes de unos minutos de aislamiento del estrés. Cerrarás los ojos, respirarás hondo y visualizarás una escena pasiva. Al hacerlo, estarás activando el hemisferio derecho de tu cerebro. Estarás más conectado con el otro lado: el reino creativo y la fuerza vital. Cuando abras los ojos, te sentirás mejor que ahora. Te sentirás revitalizado y renovado.

Estos son los pasos. Léelos primero.

Siéntate en una butaca o un sillón cómodo.

Cierra los ojos.

Respira hondo y, al exhalar, relaja el cuerpo.

Imagina un lugar tranquilo y hermoso que hayas encontrado en el pasado —una playa, un prado, una arboleda— y visualízate allí durante uno o dos minutos.

Dite a ti mismo que cuando abras los ojos te sentirás muy bien, despierto, mejor que antes.

Abre los ojos.

Vuelve a leer estos seis pasos; fíjate en lo sencillos y naturales que son. Los tres primeros son lo que hace la mayoría de la gente cuando llega a casa después de un duro día de trabajo. Los tres últimos son una forma habitual de soñar despierto.

¿Estás preparado? Deja el libro y hazlo.

Acabas de dar el primer paso para acercarte al otro lado. Y cuanto más te acercas a él, más se acerca él a ti. Resultado: la ayuda llega más rápidamente y de forma más amplia, hasta que tu vida se transforma.

Los dones crecen en número y valor

Los cuerpos humanos sanos duran más, realizando más y mejor trabajo, ayudando al Creador con la creación, convirtiendo este planeta en un paraíso. A medida que tu mente se conecta con la Inteligencia Superior, te conviertes en un generador de ideas sobrecargado, una persona a la que todos admiran, un ingenioso solucionador de problemas y un catalizador de relaciones humanas de mejor calidad.

Al ejercicio que acabas de hacer le seguirán otros algo más largos. Pero luego el proceso se acorta hasta que lo único que tienes que hacer es desenfocar los ojos y soñar despierto. En ese momento, soñar despierto de forma controlada será tu «llave del cielo».

Una vez que hayas desarrollado la capacidad de pasar al nivel Alfa —y la capacidad de utilizar la visualización (representarte mentalmente algo que ya has visto) y la imaginación (representarte mentalmente algo que aún no has visto)—, tu percepción consciente está en contacto con el reino creativo. Es como estar en contacto con el mundo no físico de la inteligencia, el mundo invisible y espiritual a partir del cual se creó este mundo visible y físico.

¿Cuál es la fuente de la ayuda?

Sin la ayuda del otro lado somos mucho menos de lo que podemos ser. Puede que nos enfurezcamos rápidamente, que hablemos sin sentido, que actuemos sin provecho y que casi no tengamos amigos.

Podríamos estar perdiendo el tiempo en la vida, sin llegar a ninguna parte, enfermos con frecuencia, infelices en el amor.

Al utilizar el otro lado del cerebro, obtenemos ayuda del otro lado.

¿Es «el otro lado» simplemente el otro lado de nuestro cerebro? ¿O es un hombre enorme con una larga barba blanca allá arriba en el cielo?

En algún lugar entre estos dos conceptos se encuentra la verdad, vista por diferentes pensadores de distintas maneras.

Durante milenios, el hombre ha «visto» a Dios a imagen suya. En realidad, lo cierto es lo contrario. Dios, por definición, es el Creador, y es Él quien ha hecho al hombre a Su imagen.

Dios es creativo, consciente, inteligente. Y así el hombre es inteligente, creativo y consciente.

Para entender y explicar sus últimos hallazgos, los físicos modernos teorizan que todo el espacio está lleno de inteligencia. El espacio está lleno de una serie de campos de energía, por lo que añadir un campo de inteligencia no supone estirar los paradigmas científicos actuales. Pero muchos científicos se resisten a adoptar oficialmente este concepto de campo de inteligencia, por temor a que se acerque demasiado a conceptos religiosos.

Sin embargo, pruebas contundentes están obligando a la comunidad científica a tomarse en serio esta noción. Durante cientos de años, la literatura teosófica y metafísica ha afirmado que existe una base o causa espiritual detrás del universo físico. Hoy en día, los científicos se enfrentan a esta posibilidad con pruebas irrefutables.

En la última década, algunos científicos han comenzado a expresar la idea de una Inteligencia Superior de diferentes maneras. El Dr. Fritjof Capra, físico estadounidense que escribió El Tao de la Física, compara lo que los físicos actuales ven más allá de la partícula más pequeña del átomo con la forma en que los antiguos filósofos chinos describían el mundo espiritual.

El Dr. Karl Pribram, un destacado neurocirujano estadounidense, considera que las neuronas cerebrales se imaginan el universo físico de forma muy parecida a un proceso holográfico, lo que sugiere que nuestros cerebros estuvieron previamente «expuestos» al concepto de universo. El científico británico Jacob Boehm propuso la misma teoría holográfica en una revista científica. Ninguno de los dos científicos conocía el trabajo paralelo del otro.

El físico Peter Russell apunta a la inteligencia dentro del propio planeta Tierra, llamándolo el «cerebro global». Ve pruebas de que nuestro planeta mantiene su temperatura y purifica sus aguas a pesar de las interferencias del hombre.

El biólogo Rupert Sheldrake ha demostrado repetidamente, mediante experimentos controlados en laboratorio, que distintas especies de animales parecen estar «conectadas» a una inteligencia común que todas comparten. Cuando suficientes ratones de un grupo han aprendido a abrirse paso por un laberinto, de pronto todos lo hacen. Cuando un número suficiente de humanos ha aprendido algo, a todos les resulta más fácil aprenderlo. Sheldrake denomina campo morfo-genético a esta inteligencia compartida.

Cleve Backster, experto en poligrafía, descubrió que este instrumento podía detectar las reacciones de las plantas al pensamiento humano, incluso cuando este pensamiento procedía de una distancia considerable; su trabajo fue descrito en *La vida secreta de las plantas*. Backster ha seguido descubriendo la misma percepción en células animales, incluidas las humanas. Utiliza equipos de electroencefalografía (EEG) y obtiene resultados repetibles. Las células extraí-das de la boca de una persona y monitorizadas eléctricamente reaccionan a sus emociones incluso a distancia.

Los científicos han ido más allá de las partículas más pequeñas de la materia y han encontrado sistemas energéticos y campos de inteligencia. Puede que esta sea no solo la última frontera, sino un reino que no puede medirse con las herramientas del mundo físico.

> La propia mente del científico, como la tuya y la mía, se convierte en el mejor instrumento disponible para comprender.

Capítulo 3
Cómo ponerse en contacto con el otro lado

Examinemos ahora la conexión con la relajación. ¿Cómo un acto tan sencillo como la relajación nos permite tener éxito en algo tan importante como contactar con el otro lado?

La mayoría de nosotros consideramos que la relajación física es simplemente «no hacer nada», pero es más que eso. Cuando llegas a casa después de un día ajetreado en la oficina, o cuando los niños se acuestan por fin después de un día especialmente ajetreado, y te dejas caer en un cómodo sillón, agradecido por poder sentarse allí sin tener nada que hacer, puede que consigas un estado de relajación mayor que antes, pero todavía no lo suficiente como para activar el hemisferio derecho del cerebro y establecer contacto con el otro lado.

Los músculos, tejidos, glándulas y órganos de tu cuerpo siguen reteniendo tensiones adquiridas durante el día. Estas tensiones necesitan ser liberadas. Cuando aprendas a liberar tensiones, estarás más sano y feliz. La verdadera relajación es el mejor tónico que puedes darte a ti mismo.

Probablemente te preguntes: «¿Cómo libero la tensión de mi cuerpo?». La respuesta es fácil: tu cerebro está a cargo de tu cuerpo, y tú puedes controlar tu cerebro. Si utilizas tu cerebro de la manera correcta, puedes relajar tu cuerpo.

Veamos el cerebro en acción. No tendrás que dejar el libro para seguir estas instrucciones. Sin embargo, sujeta el libro con la mano izquierda. Ahora tienes la mano derecha libre. Cierra el puño… Tu mano derecha está ahora cerrada en un puño. Tu mente recogió la idea de hacerlo de esta página. Tu mente ha transmitido esa instrucción a la mano a través de los nervios y los músculos.

Dentro de un momento te pediré que aprietes el puño cada vez más, y que luego lo sueltes. La razón de esta instrucción es permitirte recordar la sensación de verdadera relajación física. El instante de soltar es la sensación de relajación.

No cinco segundos después, sino el momento mismo de soltar. Así que prepárate para esa sensación.

¿Preparado? Aprieta el puño… Más apretado aún… Ahora suéltalo.

¿No se siente bien? Eso es relajación. Recuérdalo. Esa es la sensación de la que disfrutarás cuando realices los ejercicios de relajación de las páginas siguientes.

Si lo deseas, puedes experimentar esta sensación en otras partes del cuerpo ahora mismo. Sujeta de nuevo el libro con ambas manos. Tensa un tobillo apuntando con los dedos hacia abajo para crear tensión en el tobillo… Ténsalo aún más… Ahora suéltalo. ¿Verdad que se siente bien?

Aprieta los dientes contrayendo la mandíbula… Más fuerte… Ahora suéltala. Es una gran sensación.

Mañana, tarde y noche

Ahora mismo te estarás preguntando: «¿Qué tiene que ver la relajación con recibir ayuda del otro lado?».

La respuesta es: todo.

Un breve recordatorio:

- Relajar el cuerpo permite relajar la mente.
- Relajar la mente disminuye la frecuencia de las ondas cerebrales.
- Disminuir la frecuencia de las ondas cerebrales permite que el hemisferio derecho del cerebro funcione de forma más activa.
- El hemisferio derecho es su conexión con el reino no material o creativo, el otro lado.

La relajación es tan necesaria para obtener ayuda del otro lado como descolgar el auricular y marcar para hacer una llamada telefónica.

Si obtener ayuda del otro lado es importante para ti, entonces cuanto más rápido adquieras las habilidades que necesitas para relajarte, mejor.

Voy a suponer que aprender rápido es importante, así que te voy a dar ejercicios para hacer mañana, tarde y noche durante 20 días. Sin embargo, no es necesario adoptar este riguroso ritmo de entrenamiento. Adquirirás la capacidad de obtener ayuda siempre que la necesites yendo a la mitad o incluso a la cuarta parte del ritmo sugerido, pero te llevará el doble o el cuádruple de tiempo. En otras palabras, puedes repetir el ejercicio de cada día al día siguiente (o durante varios días), si deseas estar seguro de tu progreso.

Cuando el entrenamiento del Método Silva se imparte a un grupo, cada miembro del grupo adquiere la capacidad de entrar en un nivel mental profundamente relajado en cinco o seis horas. Por supuesto, todos siguen mejorando con la práctica. Tú también lo harás. Sin embargo, entrenarte con el libro te llevará más tiempo que aprender con un entrenador externo.

Permíteme explicarte lo que harás por la mañana, y luego lo que harás al mediodía y por la noche. Esto es solo un avance. Las instrucciones detalladas vendrán más adelante.

Por la mañana: cuando te despiertes cada mañana, cerrarás los ojos y contarás hacia atrás del 100 al 1. Este ejercicio de relajación se irá acortando a medida que avanzas.

Mediodía: cuando termines de comer, ya sea en el trabajo o en casa, te sentarás en una silla cómoda, te relajarás y soñarás despierto de forma controlada.

Noche: cuando termines el día y puedas sentarte en una silla cómoda sin que nadie te moleste, harás ejercicios de relajación y soñarás despierto de forma controlada.

Las habilidades que adquieras durante estos pocos minutos de práctica por la mañana, al mediodía y por la noche pronto darán resultados. Serás capaz de relajarte física y mentalmente, ir a Alfa y contactar con el otro lado mediante el hemisferio derecho de tu cerebro.

A continuación te daré instrucciones detalladas para las cinco primeras mañanas, luego para las cinco primeras tardes y, por último, para las cinco primeras noches. Luego, al final de este capítulo, esbozaré tu programa completo para cada día, de modo que puedas consultarlo de un vistazo.

Qué hacer por la mañana — Días del 1 al 5

Cuando te despiertes por la mañana, levanta la almohada. Después, reclínate en la cama, cierra los ojos y cuenta hacia atrás del 100 al 1.

Contar hacia atrás es relajante. Contar hacia delante nos prepara para la acción. Uno, dos, tres, ¡ya!

Para entender por qué contamos hacia atrás por la mañana del 100 al 1, nos ayudará examinar la Figura 1.

Este gráfico, llamado Escala de Evolución Cerebral, ilustra los efectos de la relajación en la mente.

Horizontalmente, este gráfico se divide en tres partes. La parte izquierda representa el cuerpo; el centro representa el cerebro y su frecuencia de ondas cerebrales; la parte derecha representa la mente o la conciencia.

Examinemos primero el centro. Define cuatro niveles de frecuencia de ondas cerebrales, es decir, el número de ondas de energía por segundo que emite tu cerebro. Sí, ahora mismo, mientras lees esto, tu cerebro está «vibrando» a una determinada frecuencia, probablemente entre 14 y 21 ondas o ciclos por segundo. Los científicos son capaces de medir las ondas cerebrales con un dispositivo de biorretroalimentación conocido como electroencefalógrafo. La frecuencia de tus ondas cerebrales en este estado activo de vigilia se denomina nivel Beta.

Figura 1. Los cuatro niveles de actividad cerebral.

Cuando te relajas, disminuyes la frecuencia de tus ondas cerebrales. Esta gama, de 7 a 14 vibraciones por segundo, se denomina frecuencia de ondas cerebrales Alfa. Alfa es el nivel de frecuencia de ondas cerebrales que buscamos porque es el nivel en el que los hemisferios derecho e izquierdo trabajan juntos.

En Alfa, podemos programar nuestro «ordenador» mental y contactar con ese Ordenador más grande del otro lado.

Las frecuencias entre cuatro y siete ciclos por segundo se denominan ondas cerebrales Teta. Están al borde del sueño. Las frecuencias más bajas, por debajo de cuatro, son el sueño profundo.

Fíjate en lo que le ocurre al cuerpo —el tercio izquierdo del gráfico— a medida que desciendes a frecuencias cerebrales más bajas. En Beta, estás muy presente en este mundo físico. Es el mundo de los cinco sentidos: vista, oído, olfato, gusto y tacto, el mundo del tiempo y el espacio.

En el nivel Alfa nos encontramos en un mundo diferente, un mundo en el que los sentidos físicos quedan atrás y comienza la «percepción» sin los sentidos. El nivel Alfa es un reino no físico donde las barreras de tiempo y espacio no existen y donde son posibles la intuición, la percepción extrasensorial y el funcionamiento psíquico.

A medida que se profundiza en el nivel de relajación Alfa, ralentizando las ondas cerebrales (el lado derecho del gráfico), la mente pasa de un nivel consciente exterior a un nivel consciente interior. En el pasado, los psicólogos llamaban a estos niveles interiores el «subconsciente». Para el Método Silva de Control Mental, no son «sub». Podemos usar estos niveles conscientemente. En todo caso, estos niveles son «súper».

Entonces, por la mañana, cuando te reclinas en tu cama, cierras los ojos y cuentas hacia atrás del 100 al 1, estás aprendiendo a ir al estado Alfa, donde puedes funcionar a nivel superconsciente con tu Ser Superior, la parte de tu mente que está en contacto con el otro lado.

Aquí está tu plan de acción matutino para las primeras cinco mañanas:

1. Al despertar, endereza las almohadas e incorpórate.
2. Cierra los ojos, dirigiéndolos ligeramente hacia arriba.
3. Cuenta hacia atrás del 100 al 1.
4. Cuando llegues a la cuenta de 1, dite mentalmente: «Cada vez que me relajo de esta manera, voy más profundo, más rápido».

5. Termina la sesión contando del 1 al 5. Detente a la cuenta de 3 y dite a ti mismo: «Cuando abra los ojos a la cuenta de 5, estaré completamente despierto y me sentiré muy bien».
6. A la cuenta de 5, abre los ojos y dite: «Estoy completamente despierto y me siento muy bien».

Vuelve a leer estas instrucciones para poder realizar el ejercicio correctamente cada mañana.

Enhorabuena, de antemano, por haber completado tu primera visita controlada al nivel Alfa.

Qué hacer al mediodía — Días del 1 al 5

Cuando soñamos despiertos, creamos. La imaginación es nuestra facultad creativa. Así que uno pensaría que utilizar la imaginación y soñar despierto sería la prioridad número uno en nuestro sistema educativo, ¿verdad?

Pues no. Anteayer mismo, estaba prohibido soñar despierto en clase. La sencilla fórmula de la creatividad humana —relajarse e imaginar— se consideraba tabú. Sin embargo, educadores y padres empiezan a ver el valor de la ensoñación dirigida. Una imagen mental de un cuadro en la mente del artista precede a la pintura real. Un diseñador de moda tiene una imagen mental del vestido que crea; solo entonces puede hacer el patrón y cortar la tela. Un arquitecto tiene que «ver» el edificio antes de esbozarlo, hacer los modelos 3D, dibujar planos y alzados, compilar especificaciones, presentar ofertas y supervisar el inicio de la construcción.

La visualización y la imaginación de nuestra mente no pueden ser ignoradas por la otra parte. Los dos lados están conectados y la imaginación te ayuda a utilizar el conector: el hemisferio derecho.

Cada día, después de que hayas comido y te hayas relajado, te guiaré a través de algunas imágenes mentales. Primero utilizaremos la visualización y luego la imaginación.

¿Cuál es la diferencia? La visualización consiste en representarse mentalmente algo que ya has visto con los ojos. Es recordar una imagen con los ojos de la mente. Imaginar supone representarte mentalmente algo que aún no has visto con los ojos. Es evocar mentalmente una imagen de algo completamente nuevo. Si te pido que te representes mentalmente un limón, visualizarás un limón. Si te pido que te representes mentalmente mi oficina de Laredo (Texas), tendrás que utilizar tu imaginación.

Empezaremos con las imágenes mentales más familiares: la visualización. Como avanzamos en ciclos de cinco días, te daré ahora cinco ejercicios divertidos para hacer después de comer, coincidiendo con las cinco mañanas en las que profundizas en tu relajación contando hacia atrás del 100 al 1.

Me gustaría que hicieras el primer ejercicio de visualización ahora mismo, para que le cojas el truco. Este ejercicio consta de tres partes: relajación, visualización y exteriorización. Repasa detenidamente cada una de estas tres partes, luego deja el libro e intenta hacer el ejercicio.

Pasos para el día 1:

1. Siéntate en una postura cómoda y cierra los ojos. Dirígelos ligeramente hacia arriba.
2. Cuenta hacia atrás del 100 al 1.
3. Visualiza una sandía verde entera.
4. Imagina que alguien corta la sandía por la mitad y que las dos mitades se deshacen para que puedas ver el interior.
5. Vuelve a juntar las mitades y haz desaparecer la sandía.
6. Cuenta del 1 al 5 y abre los ojos. Recuérdate a la cuenta de 3 que cuando abras los ojos a la cuenta de 5 estarás «completamente despierto, sintiéndote muy bien». Dite de nuevo, a la cuenta de 5: «Estoy completamente despierto y me siento muy bien».

Visualizar la sandía será tu ejercicio de después de la comida el primer día. En los cuatro días siguientes, te daré diferentes cosas para visualizar.

¿Qué acabas de «ver» al abrir la sandía? ¿La carne roja? ¿Las pepitas negras? ¿La corteza interior blanca? No te he pedido que «veas» esos detalles, pero los has incluido automáticamente en tu imagen mental. Forman parte de tu recuerdo de cómo es una sandía.

Busca también estos detalles mañana después de comer. Puede que incluso quieras recordar el sabor de la sandía. ¿Por qué no la conviertes en tu postre?

Aquí tienes las tareas de visualización para los próximos cuatro días:

Día 2. Tú mismo. Visualízate a ti mismo frente a un espejo de cuerpo entero. Si tienes alguna dificultad con los detalles faciales (a menudo damos por sentada nuestra cara), mírate en el espejo y memoriza tu cara. Después, inténtalo de nuevo.

Día 3. Alguien con quien vivas (o un amigo íntimo o un pariente, si vives solo). De nuevo, tendemos a dar por sentadas las caras que vemos todos los días. Echa un vistazo extra o dos antes de hacer el ejercicio.

Día 4. Un lugar tranquilo. Selecciona un lugar tranquilo en el que hayas estado. Puede ser una playa, una hamaca, una ladera, un lago, la cima de una montaña, un rincón a la sombra. Visualízate allí. Haz que la imagen sea real, para que vuelvas a experimentar su tranquilidad. Si es tan relajante como esperas, más adelante nos referiremos a este lugar como «tu lugar favorito de relajación».

Día 5. La casa o el piso en el que vives. Obsérvalo desde fuera. Recuerda todo lo que puedas sobre él. Revísalo de arriba abajo. Procura visualizar colores específicos y detalles minuciosos.

Ya tienes un plan para las cinco primeras mañanas y las cinco primeras tardes. Ahora vamos a repasar lo que harás las primeras noches.

Qué hacer por la noche — Días del 1 al 5

Por la mañana, practica la relajación. Estás aprendiendo a controlar el nivel Alfa, donde se centra el pensamiento. Al mediodía, practica la imaginación mental, una actividad del hemisferio derecho. Por la noche, combinarás las dos. Te relajarás e imaginarás. Relajación más imagen = Resultados. Así de fácil. Y conoces la fórmula desde el principio; la has estado utilizando en tu vida diaria. ¿Cómo? Bueno, llegas a casa por la noche después de un duro día de trabajo, te relajas en un cómodo sillón e imaginas tus problemas: lo mal que va el negocio, cuántas facturas tienes que pagar, lo pequeña que es la casa, lo viejo que es el coche, lo enfermo que está el bebé, etcétera. Y te preocupas.

Cuando te relajas y te imaginas así, estás siendo creativo. Pero, ¿qué estás creando? Estás creando precisamente lo que no quieres. Estás añadiendo energía creativa a tus problemas. Y te preguntas por qué persisten.

Todo esto está cambiando ahora. Utilizarás la fórmula para crear soluciones en lugar de problemas. Y ¡qué cambio se producirá en tu vida! La relajación que haces por la mañana y las imágenes mentales que haces a mediodía se unirán ahora para tu ejercicio de la noche. Con unos minutos de relajación e imaginación antes de irte a dormir, no solo empezarás a ser más hábil en ambos pasos, sino que pronto empezarás a hacer cambios importantes en tu vida.

Relajación progresiva

Concentra tu atención en cada parte de tu cuerpo, relajándolas una a una y sintiendo cómo responden.

Empieza por la cabeza y desciende hasta los dedos de los pies. Procede lenta y deliberadamente, asegurándote de que cada parte de tu cuerpo ha respondido antes de pasar a la siguiente. Empieza relajando el cuero cabelludo. Luego la frente. Los ojos. La cara, el cuello, los hombros y los brazos. No continúes con la parte superior de la espalda hasta que sientas que los hombros y los brazos han respondido y están deliciosamente cómodos. A continuación, el pecho, el abdomen, la parte baja de la espalda, las caderas, los muslos, las rodillas, las piernas, los tobillos, los pies y los dedos de los pies.

No es necesario memorizar este orden, ya que se trata simplemente de una progresión natural de la cabeza a los pies. Lee detenidamente estas instrucciones para la primera noche y realiza cada paso de relajación lenta y minuciosamente.

En las noches 2 y 3 puedes acelerar el proceso. Relaja rápidamente el cuero cabelludo, la frente, los ojos y así sucesivamente. Comprobarás que el cuerpo responde más rápida y profundamente.

Planes de acción — Noches del 1 al 5

En cada uno de estos ejercicios nocturnos, relájate tal como lo hiciste por la mañana y, después, sigue las instrucciones que se proporcionan a continuación para mejorar tu relajación y avanzar hacia el contacto con el otro lado.

Noche 2. Realiza el método de relajación progresiva escalonada descrito anteriormente. Visualízate como lo hiciste hoy después de comer. Cambia la imagen para verte más joven, saludable y radiante. Termina contando del 1 al 5 de la forma habitual.

Noche 3. Vuelve a realizar el método escalonado de relajación progresiva. Visualiza a la persona que visualizaste al mediodía. Perdona a esa persona por todos los conflictos y malentendidos y, a su vez, pide que te perdone. Siente cómo sucede. Termina contando del 1 al 5.

Noche 4. Después de contar del 100 al 1, relaja los párpados. Concéntrate en la sensación. Deja que esta sensación de relajación llegue hasta los dedos de tus pies. Ve al lugar tranquilo que «viste» al mediodía. Repítete a ti mismo: «Cada día estoy más sano y rico. Cada día hago mejor lo que hago. Cada día hago de este un mundo mejor en el que vivir». Termina la sesión contando del 1 al 5.

Noche 5. Comienza con la cuenta atrás del 100 al 1. Visualiza tu lugar favorito de relajación. Cambia la imagen mental a tu casa o piso, tal y como lo «viste» hoy después de comer, desde un punto de vista exterior. Ahora rodéalo con una luz blanca. Ve todo el edificio rodeado de una luz blanca brillante. Ve la luz como luz espiritual, como amor y protección del otro lado. Termina la sesión.

Resumen de los ejercicios semanales — Días del 1 al 5

He aquí un resumen de los cinco primeros días. Consulta las instrucciones detalladas si necesitas refrescar tu memoria.

Estos primeros cinco días te proporcionan la experiencia inicial de relajación del cuerpo y la mente, y te enseñan la valiosa técnica de la imaginación mental. A medida que este procedimiento te resulte más natural, mejorará. Podrás aplicar la sencilla fórmula de dos partes (relajación + imagen) para obtener ayuda del otro lado. Durante los cinco días siguientes, el proceso se acortará y lo harás cada vez mejor.

	MAÑANA	MEDIODÍA	NOCHE
Día 1	Cuenta hacia atrás del 100 al 1. Afirma «más profundo, más rápido». Finaliza la sesión contando del 1 al 5.	Cuenta hacia atrás del 100 al 1. Visualiza la sandía verde. Finaliza la sesión contando del 1 al 5.	Cuenta hacia atrás del 100 al 1. Relajación progresiva. Visualiza la sandía, el limón, la cebolla. Finaliza la sesión contando del 1 al 5.
Día 2	Cuenta hacia atrás del 100 al 1. Afirma «más profundo, más rápido». Finaliza la sesión contando del 1 al 5.	Cuenta hacia atrás del 100 al 1. Visualízate. Finaliza la sesión contando del 1 al 5.	Cuenta hacia atrás del 100 al 1. Intensifica la relajación progresiva. Visualízate joven y radiante. Finaliza la sesión contando del 1 al 5.
Día 3	Cuenta hacia atrás del 100 al 1. Afirma «más profundo, más rápido». Finaliza la sesión contando del 1 al 5.	Cuenta hacia atrás del 100 al 1. Visualiza a otra persona. Finaliza la sesión contando del 1 al 5.	Cuenta hacia atrás del 100 al 1. Intensifica la relajación progresiva. Visualiza a otra persona y perdona. Finaliza la sesión contando del 1 al 5.
Día 4	Cuenta hacia atrás del 100 al 1. Afirma «más profundo, más rápido». Finaliza la sesión contando del 1 al 5.	Cuenta hacia atrás del 100 al 1. Visualiza un lugar tranquilo. Finaliza la sesión contando del 1 al 5.	Cuenta hacia atrás del 100 al 1. Relaja los párpados. Visualiza un lugar tranquilo. Repite mentalmente una afirmación positiva. Finaliza la sesión contando del 1 al 5.
Día 5	Cuenta hacia atrás del 100 al 1. Afirma «más profundo, más rápido». Finaliza la sesión contando del 1 al 5.	Cuenta hacia atrás del 100 al 1. Afirma «más profundo, más rápido». Finaliza la sesión contando del 1 al 5.	Cuenta hacia atrás del 100 al 1. Visualiza un lugar tranquilo. Rodea la casa de luz blanca. Finaliza la sesión contando del 1 al 5.

Capítulo 4
Cómo mejorar el contacto con el otro lado

Bill se precipitó. Estaba haciendo la formación del Método Silva en Texas. Tenía un pozo de petróleo en su propiedad que se estaba secando. Así que se relajó a un nivel Alfa profundo y utilizó una técnica del Método Silva para preguntar dónde debía perforar para encontrar otro pozo productivo. Recibió una impresión de dónde estaba. Llamó a su equipo y les dijo dónde perforar. Cuando Bill se fue a terminar su entrenamiento, ellos se pusieron a trabajar. Al volver a su propiedad al final del día, descubrió que la cuadrilla había hecho una perforación tan profunda que era impracticable seguir ahondando; habían abandonado y se habían marchado a casa. No había petróleo.

Bill estaba furioso. Llamó a su profesor y le contó el fracaso.

«No esperaste a que terminara la formación», le recordó el profesor.

«Lo sé. Pero estaba ansioso por localizar el crudo».

«Espera un momento», le dijo el conferenciante. Mientras Bill esperaba al teléfono, el conferenciante entró en un Alfa profundo y preguntó dónde perforar en busca de más petróleo en aquella propiedad que nunca había visto.

«Te pasaste por 150 metros», dijo cuando volvió al teléfono. «Perfora 150 metros al oeste de donde perforaste ayer».

Bill ordenó volver a la cuadrilla. Perforaron donde había indicado el conferenciante. Rápidamente encontraron petróleo, que resultó ser la mayor bolsa encontrada en la zona ese año.

La moraleja *no* es que me llames para que te ayude. La moraleja es hacer los ejercicios prescritos a conciencia y por completo antes de utilizar las técnicas. No te precipites.

La frontera más prometedora

En una carta reciente a los miembros del Instituto de Ciencias Noéticas, su fundador, el Dr. Edgar D. Mitchell, astronauta de la misión Apolo 14, calificó la mente y el espíritu humanos como «la frontera más prometedora». Señaló que destacados hombres y mujeres de campos tan diversos como la psicología, la antropología, la neurofisiología y la física teórica se estaban dedicando a investigar el potencial de la mente humana.

Están estudiando cuestiones como:

- El papel de las imágenes mentales, la afirmación y la oración para estimular la curación.
- Por qué las ensoñaciones de gigantes científicos como Einstein produjeron avances científicos.
- La naturaleza de capacidades especiales bien documentadas en algunas personas, tales como la clarividencia, la telepatía y la precognición.

No cabe duda de que la exploración multinacional de la Antártida está sondeando una frontera importante. El trabajo de la NASA en el espacio exterior también puede resultar muy beneficioso para el hombre, pero yo diría que la exploración del espacio interior es la frontera más prometedora de todas. Su promesa no se limita al descubrimiento de nuevos recursos físicos, como en el Polo Sur. Su promesa va más allá del descubrimiento de otras formas de vida en el espacio o de la oportunidad de colonizar nuestra luna u otros planetas. Su promesa no tiene límites.

¿Qué límite puedes imponerle al otro lado? Si el hombre es capaz de controlar la conexión con su fuente, ¿qué límite se le puede imponer?

Según Mitchell y sus colegas, «ahora hay pruebas abrumadoras de que la mente es un factor de control importante (si no el factor de control clave) en prácticamente todas las enfermedades». Controla tu mente y controlarás tu salud.

El problema de tu salud no ha sido la otra parte. Has sido tú: tu mente, tus preocupaciones, tus miedos, tu estrés, tus pensamientos negativos. Así que cuando se trata de la curación, de tu buena salud, el otro lado siempre está de tu parte.

> Y la buena salud es solo el principio. El otro lado pretende que este sea un planeta próspero. La abundancia está en todas partes. Así como un clima mental de buena salud produce buena salud, un clima mental de abundancia produce abundancia. No te atribuyas todo el mérito. Dale parte del mérito al otro lado.

Creer en lo «increíble»

Cuando el otro lado entra en el mundo físico para ayudar en la solución de tu problema comunicado por el cerebro derecho, los resultados no siempre son explicables en términos científicos, al menos no en los términos científicos que conocemos en la actualidad. Los científicos se empiezan a dar cuenta de que no son los observadores neutrales que creían ser. Cada mente implicada en un proyecto científico es un factor que afecta al resultado de ese proyecto. La formación y la experiencia de un científico determinan lo que puede ver.

Durante años, los científicos utilizaron la prueba de apertura para intentar determinar si la luz era onda o partícula. Cuando un material atraviesa un pequeño orificio, llega al otro extremo siguiendo un patrón. Si el material es una partícula, como la arena, forma un cono en el otro extremo; si es una onda, se descompone en ondas más pequeñas. Para algunos científicos, la luz se comportaba como una partícula; para otros, como una onda. Cada científico obtenía la respuesta que prefería. Llámalo mente sobre materia, si quieres, pero sus creencias y expectativas afectaban a la forma en que se comportaba la luz, o a la forma en que percibían que se comportaba. Hoy sabemos que la luz puede comportarse como onda o como partícula.

Durante años, los científicos pensaron que la acción A, que ocurría aquí mismo, y la acción B, que ocurría allí, tenían que estar relacionadas, que no podía haber acción a distancia sin algún factor de conexión identificable, como la luz, el calor o la energía. Hoy en día, aunque todavía no se ha explicado, la acción a distancia se acepta como un hecho, un hecho científico observable.

Perturbar un átomo aquí afecta a un átomo allá sin ningún vínculo de conexión identificable.

Cuando utilizamos la mente para contactar con el otro lado, también obtenemos resultados que son difíciles, si no imposibles, de explicar con la ciencia actual. La ciencia ha hecho grandes avances, pero aún nos queda mucho por aprender sobre este universo.

He aquí otro fenómeno verosímil que los científicos se ven obligados a creer. El *New York Times* informó recientemente de que un grupo de biólogos italianos, franceses, canadienses e israelíes han demostrado que puede producirse una reacción entre dos soluciones incluso cuando una de ellas se ha visto tan diluida por el agua que no queda nada de ella.

Nature, una de las publicaciones científicas más prestigiosas del mundo, fundada en Londres hace más de un siglo, publicó esta investigación, aunque reconoció que sus editores la consideraban totalmente inverosímil. Escribieron: «Estamos seguros de que estos resultados deben ser erróneos, pero no hemos sido capaces de refutarlos».

La segunda sustancia se diluyó a una parte en 10-10 con 120 ceros detrás. Eso significa que no podía quedar nada para provocar una reacción química, pero la reacción se produjo.

¿Cómo? Piensa. Cierra los ojos, dirígelos ligeramente hacia arriba y pregúntate cómo pudo ser posible. ¿La respuesta más probable? Ayuda desde el otro lado.

Planes de acción — Días del 6 al 10

Durante los segundos cinco días, tu «trabajo» matutino se hace más fácil. La relajación del mediodía se vuelve más interesante.

Y tu «tarea» vespertina se vuelve más práctica y productiva.

En otras palabras, tus tres sesiones diarias durante los días 6 al 10 te darán la sensación de que estás mucho más cerca de ir al nivel Alfa, mucho más cerca de activar el hemisferio derecho de tu cerebro, y mucho más cerca de entrar en contacto con el otro lado para pedir ayuda.

Aun cuando los estudiantes del Método Silva completan el entrenamiento, recomiendo que vayan al nivel Alfa tres veces al día para mantener la práctica, para seguir estando sintonizados y centrados. También recomiendo que permanezcan en el nivel Alfa unos minutos cada vez, programando, como lo llamamos, para mejorar sus propias vidas y las vidas de sus seres queridos. Cinco minutos en el nivel Alfa es bueno, 10 minutos es muy bueno y 15 minutos es excelente.

Si tienes un problema de salud, el nivel Alfa puede ser un estado terapéutico. Te enseñaré técnicas que podrás usar mientras estás en este nivel para ayudarte a ti mismo. Quince minutos en el nivel Alfa tres veces al día pueden ser tu mejor «medicina».

Una empresa de seguros de vida ha informado de que cuatro de cada cinco crisis nerviosas no empiezan con acontecimientos estresantes reales, sino con un cierto nivel de preocupación. Un análisis similar realizado por una clínica mostró que el 35 % de las enfermedades comienzan con la preocupación.

Los ejercicios de los días 6 al 10 te enseñan a anular la preocupación y a sustituirla por un pensamiento positivo orientado a soluciones. Esto beneficia a cada célula y órgano de tu cuerpo y allana el camino para una relación de trabajo entre tú y tu fuente: el otro lado.

Tus cuentas atrás matutinas se reducirán a la mitad, y tu repetición de la cuenta atrás matutina del mediodía también se reducirá, por lo que tendrás más tiempo disponible para cosas más interesantes que harás en ese tiempo. Por ejemplo, parte de tu «actividad» del mediodía consistirá en visualizar que las cosas suceden como tú quieres que sucedan. Programarás tu ordenador mental —y, si es necesario, el gran Ordenador— para que sucedan.

Por la noche, se te pedirá que practiques una técnica de profundización después de la cuenta atrás y que refuerces la programación del mediodía o que establezcas una nueva programación deseable. A continuación, detallaremos las mañanas, los mediodías y las noches, y luego resumiremos el programa de cada día al final del capítulo para facilitar su consulta.

Qué hacer por la mañana — Días del 6 al 10

Este es tu plan de acción matutino para las segundas cinco mañanas:

1. Al despertar, reclínate sobre la almohada.
2. Cierra los ojos, dirígelos ligeramente hacia arriba y cuenta hacia atrás lentamente de 50 a 1.

3. Cuando llegues a la cuenta de 1, dite a ti mismo: «Cada vez que me relajo de esta manera, voy más profundo, más rápido».
4. Luego di: «Los pensamientos positivos me traen todos los beneficios y ventajas que deseo».
5. Termina la sesión como antes, contando del 1 al 5, deteniéndote en el 3 para darte instrucciones. «Cuando abra los ojos a la cuenta de 5, estaré completamente despierto y me sentiré muy bien». A la cuenta de 5, cuando abras los ojos, di: «Estoy plenamente despierto y me siento muy bien».

Así, las segundas cinco mañanas difieren de las cinco primeras solo en dos cosas: cuentas del 50 al 1 en lugar del 100 al 1. Y añades una segunda afirmación mientras estás relajado, recordándote cómo el pensamiento positivo crea beneficios y ventajas.

Cuando completes tus 20 días de entrenamiento, el uso del Método Silva para obtener ayuda del otro lado es más sencillo y rápido que cualesquiera de estos ejercicios. Solo te harán falta unos segundos para ir a Alfa y programar que un evento deseado suceda. Después de toda esta práctica, serás capaz de ir instantáneamente al nivel Alfa. Ya no necesitarás contar hacia atrás desde 100 durante los segundos cinco días; en su lugar, contarás desde 50, porque gradualmente te estás haciendo con el control del nivel Alfa.

Has pasado por el nivel Alfa dos veces al día durante toda tu vida, pero no eres capaz de permanecer allí. Aunque pasas por el nivel Alfa cuando te despiertas por la mañana y de nuevo cuando te vas a dormir por la noche, no controlas tu movimiento a través de él. Si lo hicieras, podrías detenerte y aprovechar los beneficios y ventajas del nivel Alfa.

Ahora estás adquiriendo ese control. Durante los días del 11 al 15, tu cuenta atrás será del 25 al 1. Finalmente, en los días 16 al 20, tu cuenta regresiva será del 5 al 1. Esta cuenta del 5 al 1 se convertirá entonces en tu método estándar para pasar a Alfa. Además, no tendrás que reclinarte en la cama ni sentarte en una silla cómoda. Podrás ir a Alfa e imaginar mentalmente tu programación mientras caminas por la acera o conduces tu coche.

Qué hacer al mediodía — Días del 6 al 10

Durante las cinco primeras tardes has disfrutado del proceso de visualización: «ver» cosas familiares con los ojos de la mente.

Durante las cinco tardes siguientes, disfrutarás del proceso de imaginación: «ver» caras, cosas y lugares menos familiares con los ojos de la mente.

La visualización y la imaginación son importantes para la clarividencia. Por eso practicaremos constantemente estos dos aspectos de la imaginación mental.

¿Qué es la clarividencia? El *American Heritage Dictionary of the English Language* ofrece dos definiciones: 1. El supuesto poder de percibir cosas que están fuera del alcance natural de los sentidos humanos. 2. Percepción intuitiva intensa.

En la primera, se utiliza la palabra «supuesto», quizá una herencia de los tiempos anteriores al interés científico por el tema. Desde hace muchos años, los participantes en un proyecto de investigación patrocinado por el Gobierno y denominado «Visión remota» son capaces de describir con precisión escenas elegidas al azar a miles de kilómetros de distancia. Nada de «supuesto».

No tengo nada que objetar a la segunda definición. Sí, la clarividencia es una percepción intuitiva, lo que significa que es un método de percepción «interior» del hemisferio derecho del cerebro.

Puesto que activa el hemisferio derecho del cerebro, el nivel Alfa es nuestra conexión clarividente. Tenemos buenas razones para creer que esta parte de nuestra conciencia está, al menos en parte, en el otro lado. Es capaz de percibir información a distancia y tanto hacia delante como hacia atrás en el tiempo. Este trascender el tiempo y la distancia es una característica del otro lado: el reino creativo.

Así que, mientras practicas la visualización y la imaginación durante los próximos cinco días, estás preparando tu mente para la clarividencia, para conseguir la ayuda del otro lado.

Esto es lo que debes hacer: siéntate en una silla cómoda, cierra los ojos, respira profundamente y, al exhalar, relaja el cuerpo. Dirige los ojos ligeramente hacia arriba y cuenta hacia atrás del 50 al 1. Cuando llegues a la cuenta del 1, haz lo mismo. Cuando llegues a la cuenta del 1, realiza las tareas de imaginación que se detallan a continuación para los días 6 al 10. Luego termina tu sesión como lo haces por la mañana, contando del 1 al 5 y «sintiéndote completamente despierto y muy bien» al despertar.

Día 6. Después de la cuenta atrás, imagínate en un hermoso jardín de flores. «Mira» las hermosas flores. Huele su aroma. Mientras examinas una flor, «observa» una gota de agua sobre ella. Observa todos los colores del arco iris en esa gota de agua. Cuenta hasta 5 para terminar la sesión.

Día 7. Después de la cuenta atrás, imagina un lago tranquilo. Es tan plácido que, al situarte en la orilla y mirar hacia abajo, puedes ver tu reflejo en el agua. Mira tu reflejo y dite dos palabras: «Te quiero». Cuenta hasta 5 para finalizar la sesión.

Día 8. Después de la cuenta atrás, imagínate haciendo algo que siempre has deseado poder hacer. Sueña despierto con ser un inventor, un músico, un actor o un autor de éxito, lo que siempre has soñado. Imagínatelo. Disfrútalo. Cuenta hasta 5 para finalizar la sesión.

Día 9. Después de la cuenta atrás, imagínate saboreando tu comida favorita. Elige una sopa, una carne, una ensalada y un postre favoritos, o cuatro o cinco alimentos que te gusten de verdad. Con cada degustación imaginaria, recuerda el sabor y disfrútalo como si fuera real. Cuenta hasta 5 para finalizar la sesión.

Día 10. Después de la cuenta atrás, imagina que es una hora más tarde de lo que es. «Imagina» que suceden cosas buenas. Tal vez hagas un nuevo amigo o consigas un nuevo cliente o socio. Tal vez resuelvas algún problema. Reproduce una «película mental» de este acontecimiento imaginario fortuito. Cuenta hasta 5 para finalizar la sesión. Después, piensa en ello. ¿Es posible?

Qué hacer por la noche — Días del 6 al 10

Durante las próximas cinco noches, allanarás el camino para que tus sueños trabajen para ti. Realizarás tu práctica nocturna en la cama, antes de irte a dormir.

Mantén un bloc y un bolígrafo debajo de la almohada o en la mesilla de noche como parte de tu práctica para poder registrar tus sueños.

El procedimiento es el siguiente: después de acostarte, cierra los ojos, respira profundamente, dirige los ojos ligeramente hacia arriba y cuenta hacia atrás del

50 al 1. Cuando llegues a la cuenta del 1, respira profundamente y, al exhalar, relaja el cuerpo desde la cabeza hasta los dedos de los pies. A continuación, dite mentalmente: «Quiero recordar un sueño, y voy a recordar un sueño». No cuentes despierto, como sueles hacer. Permítete quedarte dormido. Te despertarás por la noche o por la mañana con el recuerdo de un sueño. Anota inmediatamente el tema principal.

Muy a menudo, cuando nos despertamos por la noche y recordamos un sueño, pensamos: «Eso nunca lo olvidaré». Pero por la mañana ya no está. Más tarde examinaremos estos sueños, así que anótalos en un papel.

Puede que ya hayas recordado un sueño o incluso más de uno. No pasa nada. Haz este ejercicio de todos modos, ya que te permite controlar mejor ese proceso.

Durante dos noches, pedirás recordar un solo sueño. Durante las tres noches siguientes, pedirás recordar más de un sueño; y se espera que, a medida que avances, recuerdes todos tus sueños.

Noches 6 y 7. Cuando hayas contado del 50 al 1, relaja los párpados como antes. Luego dite: «Quiero recordar un sueño, y voy a recordar un sueño». Duérmete. Cuando despiertes, anota tu sueño.

Noches 8, 9 y 10. Haz lo mismo que antes, pero esta vez dite: «Quiero recordar mis sueños y voy a recordar mis sueños». Siempre que te despiertes durante la noche o por la mañana con el recuerdo de un sueño, anótalo.

Si eres propenso a tener pesadillas y tienes alguna durante este periodo de entrenamiento o después, cuando te despiertes por la mañana y hagas tu cuenta atrás, en el nivel Alfa dite mentalmente: «He tenido esta pesadilla. No me gusta. No quiero volver a tenerla. No volveré a tenerla». Tú tienes el control. Puedes activar los sueños deseados y desactivar los no deseados.

Cómo interpretar a tus sueños

Los detractores de los sueños dicen que probablemente son la descarga de material innecesario por parte de las neuronas cerebrales, una especie de limpieza de la casa. Si es así, ¿por qué esta supuesta basura mental se retroalimenta a través de la memoria y se restaura? Las neuronas son más inteligentes que eso.

Los sueños merecen nuestra atención o no seríamos capaces de recordarlos. Deben tener un propósito. Si damos por hecho que tienen una finalidad —como los sueños precognitivos y los sueños de resolución de problemas—, ¿cuál puede ser esa finalidad?

La máxima prioridad de nuestras neuronas cerebrales es garantizar la supervivencia: la supervivencia individual y la supervivencia de la raza humana.

Si te planteas tus sueños desde este punto de vista, puede que te toque la lotería. A través del mecanismo del sueño, tus neuronas cerebrales podrían muy bien estar sosteniendo un espejo delante de ti y diciéndote, en efecto: «Mira cómo estás reaccionando. Esto es estresante. Te estás haciendo daño, acortando tu vida. Es necesario que corrijas tu actitud».

Por eso debes prestar atención a los sueños.

¿Qué están diciendo realmente que pueda darte una idea de un posible comportamiento estresante? A veces es útil asumir que todos los que aparecen en el sueño son facetas de uno mismo. El vecino, el hermano, el padre, el perro… ¿podrían ser tu vecindad, tu naturaleza fraternal, tu naturaleza paternal, tu naturaleza animal? Considera qué facetas necesitan un control más positivo.

Al final de este segundo periodo, tendrás un registro de cinco noches de sueños. Revísalos. ¿Qué información te aportan? Si un sueño en particular sigue siendo una incógnita, cuenta del 50 al 1, relájate en tu lugar de descanso favorito y reflexiona sobre el sueño. Reprodúcelo. Pregúntate por su significado. Tu mente responderá. Aparecerán posibles respuestas. Puede que descubras algo que te alargue la vida.

Resumen de los ejercicios semanales — Días del 6 al 10

He aquí un breve resumen de lo que debes hacer por la mañana, al mediodía y por la noche los días del 6 al 10. Recuerda mantener los ojos cerrados y ligeramente dirigidos hacia arriba.

	MAÑANA	MEDIODÍA	NOCHE
Día 6	Cuenta atrás del 50 al 1. Afirma «más profundo, más rápido». Afirma «pensamientos positivos». Finaliza la sesión contando del 1 al 5.	Cuenta atrás del 50 al 1. Jardín de flores. Colores del arcoíris. Finaliza la sesión contando del 1 al 5.	Cuenta atrás del 50 al 1. «Quiero recordar un sueño». Anótalo.
Día 7	Cuenta atrás del 50 al 1. Afirma «más profundo, más rápido». Afirma «pensamientos positivos». Finaliza la sesión contando del 1 al 5.	Cuenta hacia atrás del 50 al 1. Lago tranquilo. «Te quiero». Finaliza la sesión contando del 1 al 5.	Cuenta hacia atrás del 50 al 1. «Quiero recordar un sueño». Anótalo.
Día 8	Cuenta hacia atrás del 50 al 1. Afirma «más profundo, más rápido». Afirma «pensamientos positivos». Finaliza la sesión contando del 1 al 5.	Cuenta hacia atrás del 50 al 1. Sueña despierto con el éxito. Siéntete bien. Finaliza la sesión contando del 1 al 5.	Cuenta hacia atrás del 50 al 1. «Quiero recordar mis sueños». Anótalos.
Día 9	Cuenta hacia atrás del 50 al 1. Afirma «más profundo, más rápido». Afirma «pensamientos positivos». Finaliza la sesión contando del 1 al 5.	Cuenta hacia atrás del 50 al 1. Prueba tus comidas favoritas. Haz que sea real. Finaliza la sesión contando del 1 al 5.	Cuenta hacia atrás del 50 al 1. «Quiero recordar mis sueños». Anótalos.
Día 10	Cuenta hacia atrás del 50 al 1. Afirma «más profundo, más rápido». Afirma «pensamientos positivos». Finaliza la sesión contando del 1 al 5.	Cuenta hacia atrás del 50 al 1. Adelanta el reloj una hora. Imagina que suceden cosas buenas. Finaliza la sesión contando del 1 al 5.	Cuenta hacia atrás del 50 al 1. «Quiero recordar mis sueños». Anótalos.

Ahora te encuentras en el punto intermedio. La capacidad de contactar con el reino creativo de la Inteligencia Superior está a tu disposición. Al recordar tus sueños, estás preparando el terreno para recibir ayuda del otro lado.

En los próximos cinco días, estarás cada vez más cerca de aprovechar el reino creativo y su Inteligencia Superior a voluntad.

Cómo convertirte en todo lo que puedes ser

Es importante recordar que los sueños nocturnos son solo el principio. Tu mente está bajo tu control día y noche; es tu acceso a la magnificencia. Los sueños diurnos te abrirán a nuevos horizontes y los nocturnos te traerán entendimiento.

El Método Silva, que estás adquiriendo ahora, te da ese control mental. A medida que usas el Método Silva, empiezas a darte cuenta de quién eres realmente y empiezas a entender el apoyo que tienes del otro lado

Hasta ahora has subestimado quién eres. Te has creído los menosprecios de tus padres, profesores, vecinos, jefes y banqueros. Te has aceptado a ti mismo como alguien con inteligencia limitada, habilidades limitadas, capacidades limitadas. Te ves a ti mismo como alguien que solo merece un amor limitado, un dinero limitado, una responsabilidad limitada.

La forma en que te ves a ti mismo se llama autoimagen. Esta imagen limitada de ti mismo puede actuar como una prisión; es una prisión creada por ti mismo. Nunca serás mejor de lo que crees que puedes ser. La mayoría de la gente vive toda su vida en esta prisión. Pero tú no. En cualquier momento, te darás cuenta de que la puerta de tu prisión nunca estuvo cerrada, y saldrás a una nueva vida de disfrute sin límites.

A medida que desarrolles tus habilidades en los próximos días, aprenderás a darte permiso para abandonar esa vieja prisión de la autoimagen. Debes estar dispuesto a admitir que tienes acceso a un poder que has subestimado durante mucho tiempo. Y debes estar dispuesto a utilizar este poder y sus asombrosas habilidades. Ayudarás a otros a despertar también a su ser más pleno. Tu familia se beneficiará. Tus compañeros de trabajo se beneficiarán. Transformarás el mundo que te rodea.

«Yo no», puede que sigas diciendo. «He oído hablar de esas historias de éxito; puede que les ocurra a algunos, pero nunca a mí».

Tienes razón. Mientras digas que no, no te ocurrirá a ti. Mantienes cerrada la puerta de la prisión. Te estás diciendo a ti mismo: «Aférrate al *statu quo*». Que te tiene atrapado.

Piensa en decir que sí. ¿Cómo sería ser más inteligente, incluso un genio? ¿Cómo sería poder utilizar tu mente para mantenerte bien? ¿Cómo sería ser más rico? ¿Cómo sería estar mejor conectado con el Creador y manifestar más creatividad? ¿Cómo sería recibir ayuda del reino creativo cuando la necesitas?

Si pudieras saber cómo sería, no podrías decir que no. Tendrías que decir que sí.

Una vez que dices sí, puedes hacer que suceda.

El canal creativo

¿Cómo serías si dijeras «sí» y te convirtieras en un mejor canal creativo? ¿Conoces a alguien que lo sea?

Una forma de reconocer a estas personas es que son cariñosas y atentas. Tienen una sabiduría silenciosa. Hacen lo que les gusta. Inspiran a los demás. Disfrutan de la vida.

¿Te gustaría «ver» cómo serías después de haber dicho sí a todas tus capacidades? Dentro de un momento te daré esa oportunidad. Primero, lee estas instrucciones:

1. Establece una prioridad temporal. ¿Cuál de las siguientes es más importante para ti en este momento: A) la riqueza, B) el amor o C) la salud?
2. Haz el ejercicio siguiente para la prioridad que acabas de seleccionar. Ten en cuenta que hay una sección sobre el amor para los solteros y otra para los lectores casados.
3. Cuando termines el ejercicio, abre los ojos, lee la sección final llamada «Cómo amar tu mundo», vuelve a dejar el libro y practica ese ejercicio.

Cómo crear riqueza

Cuenta hacia atrás desde el punto que hayas alcanzado en tus sesiones de práctica, del 100 al 1 o del 50 al 1, con los ojos cerrados y ligeramente dirigidos hacia arriba. Reproduce una película mental. Tú escribes el guion: se trata de ti y de tu familia. Tienes todo lo que necesitas y, si surge una nueva necesidad, se suple rápidamente. Métete en la película mental. ¿Cómo te sientes pudiendo hacer lo que quieres y teniendo todo lo que necesitas para hacerlo? Termina la sesión contando del 1 al 5, sintiéndote bien. Ahora deja este libro y reproduce tu película.

Cómo encontrar el amor (lectores solteros)

Cuenta hacia atrás desde el punto que hayas alcanzado en tus sesiones de práctica, del 100 al 1 o del 50 al 1, con los ojos cerrados y ligeramente dirigidos hacia arriba. Reproduce una película mental. Estás solo. No quieres estar solo. Buscas a alguien a quien puedas amar y que te ame, alguien con quien puedas vivir tu vida. De repente, esa persona aparece frente a ti. Os miráis a los ojos. Ambos os sentís extasiados por haberos encontrado. Termina la sesión contando del 1 al 5, sintiéndote muy bien. Ahora deja este libro y haz el ejercicio.

Cómo encontrar el amor (lectores casados)

Cuenta hacia atrás desde el punto que hayas alcanzado en tus sesiones de práctica, del 100 al 1 o del 50 al 1, con los ojos cerrados y dirigidos ligeramente hacia arriba. Reproduce una película mental. Tú y tu cónyuge estáis sentados leyendo. No tenéis mucho que deciros. Así ha sido durante un tiempo. De repente, os miráis. Ambos sonreís, dejáis los libros, os levantáis y os acercáis. Os miráis a los ojos. Todos los malentendidos y diferencias del pasado desaparecen. Es como si os vierais por primera vez. Es el comienzo de una nueva felicidad conyugal. Termina la sesión contando del 1 al 5, sintiéndote bien. Ahora deja el libro y haz el ejercicio.

Cómo crear salud

Cuenta hacia atrás desde el punto que hayas alcanzado en tus sesiones de práctica, del 100 al 1 o del 50 al 1, con los ojos cerrados y ligeramente dirigidos hacia arriba. Reproduce una película mental. Vete a ti mismo e imagina que eres un médico. Estás interpretando ambos papeles. Observa cómo te curas. Imagínate a ti mismo respondiendo al tratamiento, sea cual sea. Imagínate a ti mismo perdiendo cualquier problema de salud que te pueda estar afectando. Imagínate vigoroso, más joven y radiante, con buena salud. Termina la sesión contando del 1 al 5, sintiéndote bien. Ahora deja el libro y haz el ejercicio.

Cómo amar tu mundo

Cuenta hacia atrás desde el punto que hayas alcanzado en tus sesiones de práctica, del 100 al 1 o del 50 al 1, con los ojos cerrados y ligeramente dirigidos hacia arriba. Observa la habitación en la que te encuentras, como si estuvieras en el techo mirando hacia abajo. Sube más e imagina que estás mirando tu casa o edificio. Te sientes bien. Deja volar tu imaginación. Puedes ver toda la ciudad, todo el estado, todo el país. Deja que tu imaginación abarque todo el planeta, todo el sistema solar, toda la galaxia, todo el espacio. Siente amor por el espacio. Siente que el espacio te ama. Trae ese amor de vuelta a la Tierra, de vuelta a tu ciudad, de vuelta a la habitación en la que estás sentado. Termina la sesión contando del 1 al 5, sintiéndote bien. Ahora deja el libro y haz el ejercicio.

¿Dijiste sí a la vida? Prepárate para recibir bendiciones, porque la vida te dice que sí.

Capítulo 5
Consejos útiles sobre el otro lado

En nuestro curso de entrenamiento del Método Silva de Control Mental, a cada estudiante se le da una metodología precisa para producir un «consejero» imaginario que le ayude a resolver problemas mientras trabaja a nivel creativo.

Todo empezó cuando una de mis hijas, de seis años en aquel momento, intentaba curar a una mujer que me había telefoneado pidiendo ayuda. Mi hija, en medio de su ensoñación, parecía perturbada.

«¿Qué te pasa, cariño?», le pregunté.

«Tiene los ojos tan grandes que me da miedo», me respondió.

«Chasquea los dedos de la mano izquierda y se harán más pequeños», le sugerí que hiciera. Un momento después, siguió curando a la mujer. Ahora sonreía.

«¿Qué está pasando ahora, cariño?», le pregunté.

«Es como una muñeca», respondió mi hija. «Ya no me da miedo».

Reflexioné sobre aquello. ¿Y si yo no hubiera estado presente? Quizá los más pequeños deberían tener un adulto imaginario en el laboratorio imaginario, no como niñera, sino para ayudar cuando fuera necesario. Y quizá los adultos también deberían tener uno.

Decidí hacer que mis alumnos invitaran o crearan un consejero adulto, y funcionó espléndidamente. Cada uno pedía consejo a este adulto imaginario sobre cómo resolver problemas de salud cuando trabajaba en un «caso». Las respuestas llegaban. No verbalmente, por supuesto, sino a través de su propia inteligencia, como si se las estuvieran inventando. Simplemente se les ocurría qué hacer.

Me sentí muy bien con toda la idea. Un día le pregunté a uno de mis hijos pequeños cuando estaba en su nivel Alfa trabajando en un caso en su «laboratorio»: «Pregúntale a tu consejero qué piensa de mi idea de crearlo».

Casi sin pensarlo, mi hijo contestó: «Dice: "¿qué te hace pensar que la idea fue tuya, en primer lugar?"».

No es exactamente la reacción de un niño pequeño.

En la actualidad, ocho millones de graduados del Método Silva tienen consejeros imaginarios, ayudantes imaginarios que nos ayudan a ponernos en contacto con nuestro otro lado.

Cómo elegir tus consejeros

Los aprendices pueden escoger sus propios consejeros. Puede ser cualquier persona viva o fallecida; puede ser un familiar, un amigo, una persona de la historia o de la religión, puede ser un personaje imaginario. Una vez completado el décimo día de ejercicios, puedes crear consejeros que te ayuden. Para ello, dirígete a tu lugar de relajación favorito e invita a las personas que deseas que sean tus consejeros a que se reúnan contigo. A partir de entonces, cada vez que desees obtener ayuda de tus consejeros, ve al lugar favorito de relajación utilizado en tus ejercicios y tus consejeros te estarán esperando.

Te recomiendo que elijas tanto a un consejero masculino como a una consejera femenina, para que obtengas una amplia gama de ayuda y consejos. Mientras investigaba la formación con la ayuda de mis propios hijos, empecé con un solo consejero. Pero entonces un consejero masculino se negó a ayudar con un problema de salud femenino. Le daba vergüenza. Desde entonces, hemos recomendado que cada alumno tenga dos consejeros, un hombre y una mujer.

Ahora te daré instrucciones para que crees tus consejeros. Asumo que tus ejercicios han seguido el ritmo de tu lectura y que has completado el décimo día. Pero puedes posponer la creación de tus consejeros hasta más tarde si lo deseas, hasta que refines primero las técnicas que ya has aprendido.

Empieza a pensar en quiénes querrías que fueran tus consejeros. Imagina qué aspecto quieres que tengan si son personas imaginarias. Reales o imaginarios, vas a crearlos; serán el resultado de una imagen mental. Como tales, no son físicos, por lo que nos ayudan a conectarnos con lo no físico, con el otro lado. No es de extrañar que, a menudo, cuando pedimos una respuesta a un consejero, la respuesta que nos llegue sea como la de un genio. Proviene de esa Inteligencia Superior a la que recurrimos cuando nos relajamos y utilizamos la imaginación mental.

Incluso si eliges a tu hermano pequeño como consejero, demostrará ser un genio en la forma en que da respuestas cuando le pides ayuda. Al ser un puente hacia el otro lado, los consejeros son genios, sean quienes sean.

¿Cómo llegan las respuestas? Cuando estás en un nivel de relajación profunda, vas a tu lugar favorito de relajación y le haces una pregunta a tu consejero. Ninguna voz responde como un trueno desde el cielo. La respuesta no es audible. Viene mentalmente. Después de hacer tu pregunta, empiezas a averiguar la respuesta por ti mismo. La respuesta llega, como si tu consejero te la enviara por telepatía.

Cómo crear tus consejeros

Crea primero tu consejero masculino. Puedes hacerlo sentado.

1. Cierra los ojos, dirígelos ligeramente hacia arriba y cuenta hacia atrás del 50 al 1.
2. Profundiza tu relajación con las técnicas cortas de relajación progresiva.
3. Ve mentalmente a tu lugar favorito de relajación.
4. Invita a tu consejero masculino a que te acompañe. Míralo llegar. Créalo. Imagina que está allí. Dale las gracias por venir.
5. Cada vez que vayas a este lugar sereno y pidas la ayuda de tu consejero, él estará allí. Agradece siempre sinceramente a tu consejero cuando recibas ayuda. Dale las gracias ahora por estar ahí.
6. Termina la sesión contando del 1 al 5, recordándote a ti mismo a la cuenta de 3, y de nuevo al llegar a 5, que cuando abras los ojos estarás completamente despierto y te sentirás muy bien.

Después de completar tu sesión, puedes volver a bajar y crear tu consejera femenina siguiendo el mismo procedimiento.

Uso de tus consejeros

No utilizarás estos consejeros hasta que hayas completado el entrenamiento y hayas desarrollado el contacto con el otro lado. Cuando utilices el contacto en la Parte II, tendrás oportunidades de aprovecharte de estos genios.

Para hacerlo, irás a tu nivel Alfa —para entonces, será un procedimiento mucho más corto—, irás a tu lugar pacífico e invitarás a uno de tus consejeros a que se una a ti. Entonces pedirás a tu consejero la respuesta a tu pregunta. Empezarás a pensar en el problema, y la respuesta que buscas te vendrá a la mente.

Edna G. creó un consejero masculino visualizando a un profesor de inglés que tuvo en la universidad. Le ayudó con todo tipo de problemas, no solo con los de su especialidad.

Victor H. creó una consejera imaginándose a Florence Nightingale. Ella le proporcionó una valiosa ayuda no solo en casos de salud, sino también para resolver problemas de dinero y de relaciones humanas.

Barbara B. me eligió su consejero masculino. Decenas de otras personas han hecho lo mismo. Estoy seguro de que mi superconsciente se presta como canal a la Inteligencia Superior a todas horas del día y de la noche, pero esto no interfiere en modo alguno con mi propio funcionamiento mental consciente.

Otros han elegido a Einstein, Buda, Cristóbal Colón, Jesús, Benjamín Franklin, etc. Entre las consejeras se encuentran Madame Curie, Carry Nation, la Virgen María, Golda Meir y cientos más.

Por supuesto, los amigos y familiares, vivos o muertos, también pueden ser consejeros. El hecho de que estén vivos no disminuye en absoluto su conexión con el otro lado. Vivos, todos estamos conectados con el mundo espiritual. Fallecidos, estamos en el mundo espiritual. De cualquier forma, estamos detectando información oculta a los sentidos físicos. Piensa en la gran cantidad de información que esto podría incluir. Es información adquirida por inteligencias en otros planetas, en otros sistemas solares, en otras galaxias, incluso posiblemente en sistemas invisibles de este planeta.

Qué hacer por la mañana — Días del 11 al 15

Durante la tercera secuencia de cinco días, tu «trabajo» matutino se hace aún más fácil. Ahora cuenta hacia atrás del 25 al 1. Con esta cuenta atrás más corta te relajarás tan profundamente como lo hiciste contando hacia atrás los primeros cinco días del 100 al 1 y los segundos cinco días del 50 al 1, probablemente incluso más.

Tu cuerpo y tu mente están aprendiendo a relajarse. Cada vez necesitas menos tiempo para realizar la cuenta atrás. Dado que la cuenta atrás es el factor desencadenante, siempre necesitarás una cuenta atrás, pero en las mañanas del 16 al 20, contarás del 5 al 1. A partir de entonces, continuarás contando del 5 al 1. Esta breve cuenta atrás se convertirá en tu método estándar para entrar en Alfa.

Tu plan de acción matutino para las terceras cinco mañanas (días del 11 al 15) es el mismo que para las segundas cinco mañanas (días del 6 al 10), excepto por el conteo reducido.

En resumen:

1. Incorpórate en la cama.
2. Cierra los ojos, dirígelos ligeramente hacia arriba y cuenta lentamente hacia atrás del 25 al 1.
3. Repite: «Cada vez que me relajo de esta manera, voy más profundo, más rápido».
4. «Los pensamientos positivos me traen todos los beneficios y ventajas que deseo».
5. «Uno dos, tres… cuando abra los ojos a la cuenta de cinco, estaré completamente despierto y me sentiré estupendamente».
6. «Cuatro, cinco». Ojos abiertos. «¡Estoy completamente despierto y me siento magníficamente!».

Durante estos cinco días profundizarás más y lo harás en menos tiempo. Por lo tanto, es aún más importante que hagas hincapié en la afirmación mental que haces dos veces al salir, a la cuenta de 3 y de nuevo al abrir los ojos a la cuenta de 5: «¡Completamente despierto, me siento muy bien!».

Observa que ahora utilizamos un signo de exclamación después de esta afirmación. Esto se debe a que necesitas darle más «garra», más énfasis. Debido a que estás más profundo en Alfa, hace falta este énfasis adicional en estar completamente despierto para traerte de vuelta a Beta.

Si no lo consigues, no hay peligro, es decir, no hay más peligro que cuando te levantas por la mañana sin estar completamente despierto. Muchos bostezos. «Otra taza de café, por favor».

Qué hacer al mediodía — Días del 11 al 15

En algún lugar de tu dormitorio hay papelitos o libretas donde están anotados tus sueños de las últimas cinco noches (noches del 6 al 10). Van a ser una lectura interesante para ti durante las próximas cinco horas de la comida, como parte de tus «tareas».

Siempre que vamos al nivel Alfa, somos más creativos. Así lo demuestra uno de nuestros profesores del Método Silva en su actividad de clase. Hace que los alumnos escriban cualquier frase u oración que se les ocurra. Luego los pone en Alfa, abren los ojos y vuelven a escribir cualquier cosa que les venga a la cabeza.

A continuación, la clase escucha a cada alumno leer sus dos frases sin identificar cuál se escribió en Alfa. La clase casi siempre identifica correctamente lo escrito en Alfa. Lo que se escribe en Alfa suele ser más filosófico. Contiene más sabiduría y creatividad. Suele tener un significado más profundo que lo escrito en Beta.

Ahora utilizarás esta sabiduría y creatividad añadidas en Alfa para convertirte en un mejor intérprete de sueños. Leerás tus sueños en Beta, seleccionarás algunos que te llamen la atención y los volverás a leer en Alfa.

Estarás practicando el uso del hemisferio derecho del cerebro y, al mismo tiempo, es posible que obtengas información valiosa sobre ti mismo. Este es el procedimiento para los próximos cinco días al mediodía:

Día 11. Recoge todo lo que escribiste sobre tus sueños en los últimos cinco días y asegúrate de tenerlo todo contigo para tus sesiones de después de la comida. Para esta primera sesión del mediodía, ve a tu nivel con una cuenta atrás del 25 al 1, con los ojos ligeramente dirigidos hacia arriba; cuando llegues al 1, dite mentalmente: «Voy a abrir los ojos y a leer mis sueños. Tendré una concentración perfecta y una mayor conciencia mientras intento detectar algún elemento o tema principal que pueda estar contenido en más de un sueño». No hace falta que cuentes hasta el final de la sesión, ya que saldrás de Alfa mientras estudias tus notas. Anota el tema que identifiques.

Día 12. Ve a tu nivel Alfa con la cuenta atrás del 25 al 1. Abre los ojos y elige los sueños que más se aproximen al tema que identificaste ayer. Si sientes que todavía estás demasiado relajado, aumenta la cuenta.

Día 13. Elige un sueño que hayas identificado ayer como el que tiene un tema común. Vuelve a leerlo. Pasa a tu nivel Alfa con la cuenta atrás del 25 al 1. Repasa las características principales del sueño como si fuera una película que estás reproduciendo. Cuando termines, continúa. ¿Qué puede ocurrir a continuación? Termina la sesión con la cuenta del 1 al 5 y anota lo que has añadido al sueño y las nuevas percepciones que te haya aportado.

Día 14. Lee las percepciones que registraste el día anterior. Pasa a tu nivel Alfa con la cuenta atrás del 25 al 1. Reflexiona sobre estas percepciones en relación con tu comportamiento, tus actitudes o emociones. ¿Qué cambios o correcciones son válidos y posibles para ti? Termina tu sesión con la cuenta del 1 al 5, y enumera inmediatamente los cambios que contemplaste en Alfa.

Día 15. Lee los cambios que enumeraste ayer. Selecciona uno. Pasa a Alfa contando del 25 al 1. Obsérvate a ti mismo con el rasgo no deseado que has identificado. Ahora haz algo para que desaparezca. Lávalo. Sóplalo. Bórralo. Ahora vete a ti mismo mejor que nunca. Termina tu sesión.

Unas palabras sobre los sueños recurrentes o los temas recurrentes en diferentes sueños. Un ejemplo de esto último podría ser una secuencia de sueños que comienza con uno en el que estás en un tren, pero hay un problema. El tren no se mueve. Unas noches más tarde, puedes soñar que vas a montar a caballo, pero el caballo no se mueve o no obedece cuando tiras de las riendas. Otro sueño con el mismo tema podría ser que tienes prisa, pero tus piernas se niegan a moverse rápido.

Todos estos serían sueños que indican algún asunto que te está causando estrés. En este caso, probablemente se trate de algo relacionado con tus progresos.

Tus cinco ejercicios de mediodía, los días del 11 al 15, han sido valiosas introducciones a ti mismo a través de tus sueños.

Pronto te llevarás mejor que nunca contigo mismo.

Qué hacer por la noche — Días del 11 al 15

Cuando se activa el hemisferio derecho del cerebro es útil saber cómo utilizarlo.

Es posible que desees programar la lectura de la segunda mitad de este libro para que comiences una vez que hayas completado los 20 días de práctica y seas capaz de alcanzar el nivel Alfa, permanecer allí y utilizar el hemisferio derecho del cerebro. Si tu interés te exige continuar leyendo, está bien, pero pospón la realización de cualesquiera de los procedimientos de resolución de problemas, atracción de dinero y mejora de la vida de la segunda mitad del libro hasta que haya llegado al día 20.

Estos son dos obstáculos más en el camino. Nos ocuparemos de ellos durante las sesiones nocturnas en los días del 11 al 15. Ambos obstáculos implican la eliminación de estas barreras al funcionamiento pleno del hemisferio derecho del cerebro. Hemos acumulado estas barreras a lo largo de los años: un conjunto se almacena en el cuerpo y el otro en la mente.

Si alguna vez has pasado por una experiencia estresante o traumática, sabes que se olvida con el paso del tiempo, pero no del todo. El cuerpo la «recuerda», manteniendo la tensión en algún músculo, tejido u órgano.

Algunos de los tipos de experiencias impactantes que almacenan los músculos, tejidos y órganos del cuerpo son:

Accidente de automóvil
Pérdida del trabajo
Muerte de un familiar
Enfermedad grave
Quiebra del negocio
Demanda judicial
Robo o atraco
Gran decepción

Agresión u otro delito
Riña prolongada
Ruptura de un acuerdo
Infidelidad

Estas experiencias negativas acumuladas actúan como obstáculos para la primera parte de la fórmula de activación del hemisferio derecho del cerebro, es decir, de la «relajación». Inhiben el delicioso «dejarse ir» aferrándose a ellas.

Se han ideado varias terapias destinadas a descargar estas tensiones almacenadas, porque las tensiones interfieren no solo en la relajación, sino también en el funcionamiento positivo, normal y saludable del cuerpo.

Una de estas terapias es el *rolfing*, un masaje de tejidos profundos desarrollado por la difunta Ida Rolf y practicado actualmente por «*rolfers*» formados en dos continentes. Otra es la Técnica Alexander, un sistema de ejercicios físicos reforzados con la mente. Ilana Rubenfeld combina varias de estas terapias con la terapia Gestalt y sus propios enfoques para crear el Método Sinérgico Rubenfeld.

Todos ellos son enfoques de eficacia probada, pero requieren un terapeuta experto para lograr el propósito común: la liberación.

El Método Silva te permite ayudarte a ti mismo a lograr esta liberación. Así es como lo harás en las próximas dos sesiones vespertinas:

Te relajarás. Imaginarás que entras en tu cuerpo. Le darás instrucciones a varias partes de tu cuerpo para que liberen recuerdos negativos innecesarios. Te daré las palabras exactas. Cada una de las dos noches «visitarás» diferentes partes de tu cuerpo donde es más probable que se almacenen estas tensiones.

Plan de acción — Tardes del 11 al 15

Tarde 11. Comienza en una silla, no en la cama. Siéntate cómodamente. Pasa a Alfa contando del 25 al 1. Imagina que estás dentro de tu pierna derecha. Allí hay un músculo grande. Saluda a tu músculo con cariño, como si fuese un amigo querido. Luego di con autoridad: «Libera todas las tensiones, presiones de ligamentos y recuerdos negativos innecesarios, y funciona de manera normal y sana». A continuación, «visita» tu pierna izquierda. Ahora, los músculos de ambos brazos. Salúdalos cariñosamente y dales las mismas instrucciones. Ahora visita los músculos de la espalda y los músculos abdominales. A continuación, visita los músculos del cuello. Después de darles instrucciones, añade «Invoco al resto de músculos, ligamentos y tejidos de mi cuerpo para que liberen todas las tensiones, presiones ligamentosas y recuerdos negativos innecesarios y funcionen de forma normal y sana». Termina la sesión contando del 1 al 5.

Noche 12. Haz lo mismo que la noche anterior, pero esta vez visita el corazón, los pulmones y el hígado, dándoles a cada uno las mismas instrucciones. A continuación, visita los intestinos, los riñones y la zona reproductora, dándoles a cada uno las mismas instrucciones. Por último, añade: «Invoco al resto de órganos, glándulas y sistemas del cuerpo para que liberen todas las tensiones, presiones ligamentosas y recuerdos negativos innecesarios y funcionen de forma normal y sana». Finaliza la sesión.

Al final de la noche 12, habrás liberado a tu cuerpo de gran parte de la resistencia a la relajación que se ha invertido en él. Ahora, cuando hagas la cuenta atrás, sí que irás más profundo y rápido.

Ahora pasemos al conjunto de obstáculos para el funcionamiento del cerebro derecho que está almacenado en tu mente.

Cómo eliminar los obstáculos mentales

Al cerebro izquierdo le encanta el conflicto, la dicotomía, la polaridad. El derecho va detrás de estas diferencias y ve la unidad.

John W. odiaba a su hermano. Era una enemistad que duraba ya cuarenta años. Sus dos familias vivían en la misma ciudad, por lo que los malos sentimientos se encendían con frecuencia.

John siguió el curso del Método Silva, pero le resultó difícil relajarse y aún más crear soluciones mediante la imaginación mental relajada. Decidió reciclarse a través de la formación, que es un privilegio gratuito concedido a todos los graduados del Método Silva. Durante la comida, le dijo al profesor que no estaba satisfecho con sus resultados y que por eso se estaba reciclando.

—Me programo para tener un día perfecto, pero nunca llega —se lamentó John.

—¿Te preocupa algo? —le preguntó el profesor.

—Nada —respondió John.

—¿Problemas de dinero?

—No, el negocio va muy bien.

—¿Salud?

—Nunca me he sentido mejor en mi vida.

—¿Vida amorosa?

—No podría ser mejor.

—¿Paz mental?

—¿Qué es exactamente la paz mental? —preguntó John.

—Es cuando estás en paz con todos y con todo en tu vida —respondió el conferenciante.

—Claro, yo tengo paz mental —dijo John—. Y luego añadió como una ocurrencia tardía: —Con una excepción.

—Solo hace falta una piedra para agitar las aguas —le dijo el conferenciante—. ¿Cuál es la excepción?

John empezó a arremeter contra su hermano. El conferenciante interrumpió rápidamente, explicando cómo cualquier actitud negativa hacia otra persona ancla el cerebro al hemisferio izquierdo por su carácter divisivo.

—El cerebro derecho funciona en el nivel en el que estamos todos juntos, en el superconsciente o inconsciente colectivo. Cualquier sentimiento persistente de separación impide el necesario sentimiento de unión —afirmó el conferenciante.

—Entonces, ¿qué debo hacer? —preguntó John en tono suspicaz.

—Perdonarle.

—¡Nunca! —John se puso visiblemente rígido—. No a ese vago.

El profesor explicó pacientemente que el hermano de John solo se comportaba como estaba programado para hacerlo. No importaba cuál fuera esa programación; el hermano se comportaba de una manera que creía correcta. La falta de voluntad de John para dejar que lo pasado, pasado está, no estaba perjudicando al hermano, sino a John, y podría acabar minando su salud y acortando su vida.

—Entonces, ¿qué quieres que haga? —volvió a preguntar John.

—No es lo que yo quiero. Esto es lo que tú quieres hacer.

El conferenciante explicó entonces el procedimiento: John iría a su nivel Alfa, visualizaría su lugar favorito de relajación, invitaría a su hermano a reunirse con él allí, imaginaría que su hermano llegaba y, a continuación, perdonaría a su hermano a través de la comunicación subjetiva y pediría ser perdonado por su hermano.

> —Siente cómo das y recibes el perdón —instó el conferenciante—. Abraza mentalmente a tu hermano. Termina la sesión. Siente la diferencia y observa cómo liberas la ayuda del otro lado.

John lo hizo en el acto, justo después de comer.

Unos días después telefoneó al conferenciante. «Programé un día perfecto y tuve exactamente eso», informó.

Un mes después, por primera vez en años, su hermano telefoneó a John. Invitó a John y a su familia a la boda de su hija. Resultó ser una repetición objetiva de la acción subjetiva.

Lo que creamos en el ámbito subjetivo con nuestra imaginación se manifiesta en el ámbito físico como realidad.

Limpieza mental

Cualquier emoción negativa retenida durante un periodo de tiempo puede bloquear la ayuda del otro lado al interferir con el funcionamiento efectivo del hemisferio derecho del cerebro. Algunas de estas emociones negativas son:

Celos
Odio
Animosidad
Frustración
Asco
Culpa

Resentimiento
Rechazo
Sospecha
Amargura
Venganza
Rivalidad
Ira
Indignación
Miedo

En realidad, todos estos sentimientos deben ser sustituidos por una sola emoción: el amor. Sin embargo, para viajar de lo negativo del odio a lo positivo del amor, debes hacer una parada en el perdón.

En las próximas tres tardes, perdonarás subjetivamente a todas las personas importantes de tu pasado y tu presente. Esto cambiará tu vida.

Estos son tus planes de acción para las noches del 13 al 15:

Noche 13. Sentado en una silla cómoda, cierra los ojos, dirigiéndolos ligeramente hacia arriba, y cuenta hacia atrás del 25 al 1. Cuando llegues al 1, ve mentalmente a tu lugar favorito de relajación. Una a una, invita a las personas enumeradas a continuación a que se te unan; las perdonarás y pedirás que te perdonen. Siéntelo. Séllalo con un apretón de manos o un abrazo. Hazlo con cada una de ellas, vivas o fallecidas:

Abuelo paterno
Abuelo materno
Abuela paterna
Abuela materna
Padre
Madre
Cónyuge de amor
Hermanas
Hermanos
Hijos

Termina la sesión contando del 1 al 5 de la manera habitual.

Noche 14. Esta noche perdonarás a todos tus parientes, pero ahorrarás tiempo eligiendo a un primo varón, por ejemplo, para que «represente» a todos tus primos varones, a un tío por todos tus tíos, y así sucesivamente. Harás lo mismo para varias categorías ajenas a tu familia más próxima:

Un tío
Un pariente político, de una generación anterior
Una tía
Un pariente político de la misma generación
Un sobrino
Un suegro, de una generación más joven
Una sobrina
Un primo varón
Una prima
Un amigo
Un vecino
Un compañero de trabajo
Un profesor

Noche 15. Hemos dejado para el final a una persona importante en tu vida: tú mismo. Debes amarte a ti mismo antes de poder amar a los demás. Invítate a tu lugar favorito de relajación como si fueras otra persona. Perdónate todos los defectos que creas tener, todos los errores que creas haber cometido, todos los acontecimientos desagradables que creas haber causado. Abrázate a ti mismo. Termina la sesión contando hasta cinco.

Resumen de los ejercicios semanales – Días del 11 al 16

A continuación, se presenta un resumen de lo que debes hacer por la mañana, al mediodía y por la noche durante los días 11 al 16. Revisa las instrucciones más detalladas de este capítulo antes de comenzar cada día.

	MAÑANA	MEDIODÍA	NOCHE
Día11	Cuenta hacia atrás del 25 al 1. Afirma «más profundo, más rápido». Afirma «pensamientos positivos». Termina la sesión contando del 1 al 5.	Cuenta hacia atrás del 25 al 1. Afirma la concentración. Lee las notas del sueño. Identifica el tema. Anótalo.	Usa una silla. Cuenta hacia atrás del 25 al 1. Visita cada músculo. Afirma «Relajar». Ordena que se relajen todos los músculos. Finaliza la sesión contando del 1 al 5.
Día 12	Cuenta hacia atrás del 25 al 1. Afirma «más profundo, más rápido». Afirma «pensamientos positivos». Finaliza la sesión contando del 1 al 5.	Cuenta hacia atrás del 25 al 1. Afirma concentración. Lee las notas de los sueños. Selecciona sueños temáticos. Finaliza la sesión contando del 1 al 5.	Usa una silla Cuenta hacia atrás del 25 al 1. Visita órganos vitales y tracto digestivo. Afirma «relajar» a cada uno. Pide la relajación total. Finaliza la sesión contando del 1 al 5.
Día 13	Cuenta hacia atrás del 25 al 1. Afirma «más profundo, más rápido». Afirma «pensamientos positivos». Finaliza la sesión contando del 1 al 5.	Selecciona el mejor sueño temático. Cuenta hacia atrás del 25 al 1. Reproduce el sueño. Sigue con él. Finaliza la sesión contando del 1 al 5. Anota tus percepciones.	Utiliza una silla. Cuenta hacia atrás del 25 al 1. Ve a un lugar tranquilo. Perdona a determinados miembros de la familia. Finaliza la sesión contando del 1 al 5.
Día 14	Cuenta hacia atrás del 25 al 1. Afirma «más profundo, más rápido». Afirma «pensamientos positivos». Finaliza la sesión contando del 1 al 5.	Lee la intuición escrita. Cuenta hacia atrás del 25 al 1. Reflexiona sobre la percepción. Qué cambios de comportamiento se indican. Finaliza la sesión contando del 1 al 5. Escribe los cambios.	Utiliza una silla. Cuenta hacia atrás del 25 al 1. Ve a un lugar tranquilo. Perdona a los suplentes. Finaliza la sesión contando del 1 al 5.

	MAÑANA	**MEDIODÍA**	**NOCHE**
Día 15	Cuenta hacia atrás del 25 al 1. Afirma «más profundo, más rápido». Afirma «pensamientos positivos». Finaliza la sesión contando del 1 al 5.	Lee los cambios indicados. Cuenta hacia atrás del 25 al 1. Ver rasgo no deseado. Hacerlo desaparecer. Visualízate a ti mismo cambiado. Finaliza la sesión contando del 1 al 5.	Utiliza una silla. Cuenta hacia atrás del 25 al 1. Ve a un lugar tranquilo. Perdónate a ti mismo. Finaliza la sesión contando del 1 al 5.

Durante los últimos cinco días, no solo has practicado, sino que también te has abierto al otro lado ayudándote a librarte de resistencias tanto físicas como mentales. Ahora estás preparado para completar el contacto.

En el próximo capítulo, recibirás instrucciones sobre cómo completar el entrenamiento.

Capítulo 6
Cómo recibir respuestas del otro lado

Este capítulo contiene instrucciones para los últimos cinco días de «actuación» encaminada a contactar con el otro lado. Estos últimos cinco días completan los 20 días de autoentrenamiento. Si has sido consciente de tus «acciones», habrás adquirido la capacidad de ralentizar tus ondas cerebrales hasta alcanzar el nivel de frecuencia Alfa cerrando los ojos, respirando profundamente, dirigiendo los ojos ligeramente hacia arriba y contando hacia atrás del 5 al 1. En otras palabras, serás capaz de activar el hemisferio derecho de tu cerebro en menos de lo que tardas en leer este párrafo.

Con el hemisferio derecho activo, estás más en contacto con el otro lado. El otro lado «oye» mejor tu llamada de auxilio, y tú «oyes» mejor la ayuda que viene del otro lado.

Durante estos últimos cinco días de «actuación», empezarás a utilizar el nivel Alfa para obtener beneficios. Puede que estos no sean los beneficios dramáticos que más adelante elevarán tu vida, pero recuerda que hay que gatear antes de caminar y caminar antes de correr.

Una de las razones por las que empezarás a notar inmediatamente los beneficios es que has comenzado a utilizar una porción mayor de tu mente. Si sufrieses un derrame cerebral que te impidiera utilizar parte de tu cerebro, tu vida se vería entorpecida en algunos aspectos. Del mismo modo, la realización de «acciones» que potencien el uso de tu cerebro tendrán efectos positivos en tu vida.

La gente suele pensar en clave negativa: preocupaciones, pensamientos recurrentes sobre conflictos, temores a sufrir privaciones, etc. Este tipo de pensamiento nos pasa factura. Nos lleva a adquirir más preocupaciones, a involucrarnos en más conflictos y a sufrir más privaciones. El pensamiento negativo alimenta el pensamiento negativo, porque ahoga la creatividad y genera destrucción en nuestras vidas. En lugar de progresar, retrocedemos. Ese es nuestro castigo, en parte resultado del pensamiento negativo. Se podría decir que el castigo es prácticamente automático. Pero la buena noticia es que cuando empiezas a utilizar más tu mente para pensar en positivo, las recompensas también pueden ser automáticas.

El poder de las imágenes mentales positivas

Cuando era oncólogo en la Base Aérea Travis, en California, Carl Simonton adaptó el Método Silva para ayudar a sus pacientes a aprender a relajarse y a imaginarse su sistema inmunitario con el fin de combatir con éxito sus cánceres. Los resultados fueron tan espectaculares que, cuando Simonton dejó las Fuerzas Aéreas y volvió a la práctica privada en Texas, decenas de enfermos de cáncer viajaron desde todos los puntos del país para beneficiarse de su método.

Simonton proporcionaba una orientación a sus pacientes cuando llegaban para que supieran en qué consistía el método. Cuando sus pacientes se enteraban, a raíz de la orientación, de que ellos mismos tendrían que participar en su propia curación, la mayoría se iban a casa. No estaban preparados para asumir la responsabilidad de sus propias vidas.

¿Estás preparado para asumir la responsabilidad de tu vida? ¿Estás preparado para sacar mayor provecho de tu mente bajo tu control intencionado? ¿Estás preparado para el cielo en la tierra?

> El poder que hay detrás de las imágenes mentales es el poder creativo que manifestó este universo y que sigue trabajando, al menos parcialmente, a través de ti. Formas parte de un equipo creativo.

Es cierto que solo eres un miembro de un equipo bastante grande, pero ¿qué le ocurre a un miembro de un equipo que decide trabajar por su cuenta? Al obrero de la cadena de montaje lo «pone en su lugar» su jefe. Al jugador de fútbol lo tumban los placadores. El político no sale reelegido.

Las imágenes mentales también pueden ser destructivas. Cuando los pensamientos se vuelven destructivos, provocan acontecimientos destructivos.

Arthur W. era hipocondríaco. Pensaba que estaba enfermo de esto y de aquello. A menudo lo estaba. Desarrolló síntomas reales y llegó a requerir atención médica constante. Entonces oyó hablar del Método Silva. El primer día aprendió la causa de sus problemas de salud: su pensamiento destructivo. Al cuarto día de entrenamiento, todos los síntomas habían desaparecido.

Genevieve L. temía por su vida. Cuanto más leía en los periódicos sobre el crimen y la violencia, cuanto más los veía en la televisión, más miedo tenía. Era un manojo de nervios. Un día, una amiga le dio un ejemplar del Método Silva de Control Mental para Directivos de Empresas. Se dio cuenta de lo que sus imágenes mentales negativas podían llegar a hacer: atraer exactamente lo que deseaba evitar. Cambió su forma de pensar y su vida pasó de ser tormentosa a soleada.

Un avión 747 estaba a punto de aterrizar en Honolulu. Pero el piloto no podía bajar las ruedas: el tren de aterrizaje estaba atascado. Informó a la torre de control de su situación. Le hicieron rodear el aeropuerto hasta que los vehículos de emergencia pudieron cubrir la pista con espuma y ofrecer ayuda. Cuando el avión se detuvo, se desplegaron los toboganes y más de doscientos pasajeros y tripulantes evacuaron la aeronave deslizándose por ellos. No hubo heridos ni daños graves en el avión.

Un pasajero contó a un periodista que la película proyectada en ese viaje trataba precisamente de un incidente de ese tipo: en la película, el tren de aterrizaje de un avión se bloqueaba. Tras la publicación de la historia, apareció una carta al director en la que se planteaba la siguiente pregunta: «¿Podían doscientas mentes relajadas que visualizaban un tren de aterrizaje defectuoso haber provocado un aterrizaje exitoso?».

No hace falta ser Uri Geller para responder que sí.

Cómo acceder a la intuición

Otra facultad mental que todos reivindicamos se atribuye más bien al otro lado: se llama intuición.

La *intuición* se define como la facultad de conocer sin utilizar procesos racionales. Los procesos racionales son procesos del hemisferio izquierdo del cerebro. La intuición es, por definición, el conocimiento del hemisferio derecho. La única manera de que el hemisferio derecho sepa algo que el hemisferio izquierdo no sabe es que venga del otro lado. La intuición es, por tanto, la inteligencia que nos proporciona el otro lado.

Todo el mundo tiene alguna capacidad intuitiva, aunque no haya activado el hemisferio derecho mediante algún control consciente de la mente. El hemisferio derecho no está totalmente dormido, sino que funciona todo el tiempo, aunque solo a una fracción de su capacidad.

El otro lado tiene acceso a nuestra inteligencia; puede, de forma limitada, llegar hasta nosotros. Cuando estamos ocupados en este mundo material en la frecuencia Beta, nuestro cerebro hace algo extraordinario: entra en Alfa cada dos segundos durante un microsegundo más o menos. No existe ninguna explicación concreta para este fenómeno, pero podría ser que el otro lado esté accediendo a nuestra inteligencia.

Una fracción de segundo es tiempo suficiente para que se produzcan destellos de perspicacia, creatividad o intuición. Pero el gran problema es que estos destellos creativos suelen permanecer por debajo del nivel consciente. Alfa permite que nuestra mente consciente se comunique con nuestro subconsciente, cuando tenemos el control de Alfa. Ese control hace necesario cambiar nuestras condiciones. El subconsciente, que ya no es «sub» o está por debajo del nivel de consciencia, se llama con más precisión «consciencia interior». Somos más capaces de sacar y meter información (programar).

Otro obstáculo para conseguir que ese microsegundo de intuición entre en la percepción consciente es el hemisferio izquierdo del cerebro, que a menudo anula lo que nos dice el hemisferio derecho. Recuerda que los dos hemisferios están conectados. Hablan entre sí. De hecho, hay tantas vías de conexión entre los dos hemisferios como teléfonos en la Tierra. El hemisferio izquierdo «oye» la información del hemisferio derecho, pero luego la ignora. Tus 20 días de «actuación» ponen a estos dos hemisferios en pie de igualdad.

Ser como un niño pequeño

Cuando el feto está en el útero, su cerebro ya emite ondas cerebrales. Estas ondas cerebrales son de frecuencia Delta, de media pulsación a cuatro pulsaciones por segundo.

Estas pulsaciones Delta continúan después del nacimiento del niño y siguen siendo dominantes hasta que el niño tiene unos cuatro años. Este es el periodo en el que el niño empieza a aprender a utilizar los sentidos físicos: primero el tacto, luego el gusto y el olfato, seguidos del oído y la vista.

A los cuatro años de edad, las ondas cerebrales se han acelerado ligeramente hasta que Teta se convierte en la frecuencia dominante. En esta etapa, la mente del niño funciona de forma inductiva. Se dice que para entonces el niño ya ha aprendido tres cuartas partes de todo lo que utilizará el resto de su vida. Desde aproximadamente los 7 hasta los 14 años, se puede decir que el niño está en Alfa, ya que ahora sus frecuencias cerebrales dominantes se han acelerado hasta el rango de 7 a 14 ciclos por segundo y la mente funciona de forma deductiva. El niño es imaginativo, inventivo y creativo. Las impresiones introducidas en sus neuronas se combinan ahora de diferentes maneras. Resuelve problemas, tiene compañeros de juego imaginarios y se le ocurren ideas que a menudo sorprenden a sus padres.

Algunos niños son psíquicos. Saben cosas que no tienen forma de saber. Algunos ven auras.

«¿Cómo sabías que la tía Emily iba a venir hoy?», puede preguntar un padre sorprendido.

«Lo he adivinado», responde el niño.

Cuando puse a prueba a mis propios hijos con lo que más tarde se convertiría en el Método Silva de Control Mental, básicamente intentaba que fueran mejores estudiantes y que obtuvieran mejores notas en la escuela, así que les hacía preguntas sobre lo que estaban estudiando en la escuela. En ocasiones respondían a una pregunta que yo iba a hacer antes de que tuviera la oportunidad de pronunciarla.

«¿Por qué has contestado a esa pregunta? No te la he hecho», les decía. Siempre me respondían: «Ya me imaginaba que me la ibas a hacer». Al activar el hemisferio derecho del cerebro, los jóvenes se volvían intuitivos.

Otra definición de intuición es la capacidad de adivinar con precisión. Cuando somos intuitivos, es como si alguien nos dijera lo que tenemos que hacer. El cerebro derecho actúa como un receptor de radio, y recibimos el mensaje alto y claro.

> Por supuesto, la información que nos llega intuitivamente no tiene nada que ver con adivinar. Nos llega a través de nuestra conexión con una inteligencia mayor que la nuestra. Simplemente parece que lo hemos adivinado. Esa suele ser la sensación de la intuición.

Por desgracia, los niños empiezan a funcionar predominantemente en Beta —de 14 a 21 ciclos por segundo— cuando alcanzan los 14 años y pasan por la pubertad. Ahora se centran en controlar el entorno externo (cerebro izquierdo) y en ser más razonables, lógicos y analíticos (cerebro izquierdo).

La intuición después del entrenamiento del Método Silva

Los graduados del Método Silva son como niños. Sus cerebros emiten más frecuencias Alfa. No tienen que contar hacia atrás para ser intuitivos, porque su pensamiento se ha centrado. Los graduados del Método Silva desenfocan automáticamente sus ojos y los giran ligeramente hacia arriba al resolver problemas. Aun cuando la persona no esté resolviendo problemas, el cerebro izquierdo y el derecho cooperan mejor.

Bob S., un profesor del Método Silva, estaba dando una conferencia en otra ciudad. Decidió descansar en su habitación de hotel durante la pausa de la comida, ya que esta estaba solo unos pisos por encima de la sala de conferencias. Cuando se tumbó en la cama, le asaltó un pensamiento alarmante: algo le está pasando a su manual de conferenciante.

Sin el manual, no podía haber clase. Se levantó de un salto, salió corriendo de la habitación, llamó al ascensor y bajó al aula. El manual no estaba en el atril donde lo había dejado.

Salió precipitadamente de la sala, preguntándose dónde estaría. Se encontró caminando por el pasillo del hotel, giró en una esquina y se detuvo frente a la oficina de atención a los huéspedes corporativos. Entró. Había una secretaria detrás de un escritorio, al fondo de la habitación. Caminó hacia donde ella estaba sentada. Detrás de ella había una fotocopiadora. En la fotocopiadora estaba su manual de conferenciante.

—Ese libro es mío —dijo.

En ese momento entró uno de sus alumnos. Al ver a Bob, se puso pálido, admitió su culpa y se disculpó por haber cogido el manual.

—Ahora creo en la PES —dijo el estudiante—. Acabo de ser testigo.

Bob S. no tuvo que pasar al nivel Alfa para tener esta experiencia. Su cerebro derecho estaba naturalmente activo como resultado del entrenamiento del Método Silva.

Un graduado de Silva a menudo siente el impulso de llamar a alguien por teléfono, y luego descubre que esa persona necesita verle. Otros sienten el impulso de conducir por una ruta diferente a la que planeaban tomar, y posteriormente descubren que hubo un percance o accidente que los hubiera retrasado de haber tomado la ruta original. Hay innumerables «coincidencias» y múltiples «casualidades» que suceden sin que la persona acuda a Alfa. Alfa viene a ti de forma natural.

Alguna inteligencia ahí fuera está trabajando. Esa inteligencia siempre ha estado trabajando para ti. Pero los fallos de comunicación te han impedido recibir los beneficios. Todo el mundo es intuitivo, pero la pequeña voz de la intuición es inaudible para la mayoría de la gente, aquellos que tienen un pensamiento excéntrico. Cuando su pensamiento se centra, la voz de la intuición se «oye» con más facilidad.

Cómo centrar el pensamiento

Los días del 16 al 20 te proporcionan ejercicios mentales para hacer durante la mañana, la tarde y la noche que te permitirán controlar ambos hemisferios cerebrales.

«¿Qué ocurre entonces?», te preguntas.

«Te centras en tu pensamiento», respondo.

«¿En qué me ayuda eso?», podría ser tu siguiente pregunta.

«Te iluminas».

«Explícame qué significa eso».

«Tu mente consciente se alinea con tu mente superconsciente, que forma parte de la Inteligencia Superior», respondo pacientemente.

«¿Significa eso que me convierto en parte de Dios?». Tus preguntas son cada vez más atrevidas.

«Ya eres parte de Dios. Lo que significa es que lo demostrarás mejor en tu vida». Me has obligado a sentarme en la silla del filósofo.

«Soy pragmático: ¿cuál es el resultado final?». Has elegido la silla del ejecutivo.

«Para empezar, te conviertes en una personalidad integrada. Ya no tienes conflictos internos. Tomas mejores decisiones. Tienes un estado de conciencia superior que te da un sentimiento de unidad con todas las personas y ellas contigo». Tengo la sensación de que mi respuesta no fue lo bastante pragmática.

«¿Unidad? No lo entiendo. ¿En qué me beneficia eso?».

Tenía razón. Esta vez vuelvo los ojos ligeramente hacia arriba y espero a que llegue la respuesta.

«Tienes el poder que necesitas para influir en la gente para tu bien y el de ellos, y la sabiduría para usar el poder por el bien de la humanidad».

Asientes. Doy las gracias en silencio. Y sigues leyendo.

Durante las tres mañanas siguientes, te levantarás de la cama y te sentarás en una silla. Cerrarás los ojos, los dirigirás ligeramente hacia arriba, respirarás profundamente y, al exhalar, relajarás el cuerpo por completo. A continuación, contarás hacia atrás del 5 al 1 para alcanzar el nivel Alfa. Una vez en el nivel Alfa, harás las afirmaciones habituales, a las que añadirás esta otra: «Cada día mejoro, mejoro y mejoro, en todos los sentidos». Saldrás de la sesión contando del 1 al 5, de la forma habitual.

Las únicas diferencias con el entrenamiento anterior son una cuenta atrás más corta, el uso de la silla en lugar de la cama, una respiración profunda después de cerrar los ojos y la afirmación de que «cada vez estoy mejor».

Otra diferencia tendrá lugar durante las dos últimas mañanas de estos cinco días finales. Durante estas sesiones, conseguirás ayuda del otro lado para hacer de este un día mejor.

Ya me has oído. No, no nos estamos precipitando. Ahora estás en contacto con tu Ser Superior, y este está conectado con los Seres Superiores de los demás que participarán en tu día, a través del otro lado.

No asumas que, porque este es tu primer intento, solo se producirán pequeñas mejoras en tu día. Si lo haces, solo estarás pidiendo mejoras limitadas. ¿Por qué no dejarse llevar y dejar hacer a Dios?

¡Espera un milagro!

Qué hacer por la mañana — Días del 16 al 20

A principios de este siglo xx, un francés llamado Emile Couee enseñó a la gente a mirarse al espejo y repetirse una y otra vez: «Cada día estoy mejor y mejor, en todos los sentidos».

Compara esto con la nueva afirmación que vas a añadir a tus sesiones matutinas, y puede que pienses que yo supero a Couee: tres en lugar de dos. Pero mi afirmación es mejor que la de Couee por mucho más que eso. Ir al nivel Alfa es cien veces mejor que mirarse en un espejo. En el nivel Alfa, esta afirmación llega a tu ordenador mental y lo programa para hacerte mejor, mejor y mejor.

Los cambios de tu sesión matutina merecen ahora tu más atento escrutinio, para que ese procedimiento te resulte familiar. Una vez que lo hayas aprendido, no tendrás que interrumpir tu relajación para consultar el libro.

Qué hacer por la mañana — Días del 16 al 18

1. Al levantarte, siéntate en una silla cómoda.
2. Cierra los ojos, dirígelos ligeramente hacia arriba, respira profundamente y, al exhalar, relaja el cuerpo por completo.
3. Cuenta lentamente hacia atrás del 5 al 1.
4. Repítete mentalmente estas tres afirmaciones: «Cada vez que me relajo de esta manera voy más profundo y más rápido». «Los pensamientos positivos me traen todos los beneficios y ventajas que deseo». «Cada día mejoro, mejoro y mejoro, en todos los sentidos».
5. Termina la sesión de la forma habitual, contando del 1 al 5, completamente despierto y con una gran sensación de bienestar.

Vuelve a leer estos cinco pasos. Después deja el libro y haz como si fuera por la mañana y te estuvieras despertando. Sigue ahora los cinco pasos.

Mañanas 19 y 20. Sigue los pasos del 1 al 4 como arriba, pero antes de salir (paso 5), reprodúcete una «película» de tu día en el que todo marcha estupendamente. Sentémonos a hablar del guion de esa película. En realidad, tú eres tanto el guionista como el director. Yo solo soy un asesor.

Una forma de «ver» mentalmente cómo transcurre un día es situar un reloj en la imagen. Básicamente, sabes lo que vas a hacer, por ejemplo, a las nueve en punto. Visualiza el reloj marcando las nueve de la mañana. Tal vez estés en el trabajo, en tu escritorio o dondequiera que se desarrolle tu jornada laboral. Visualiza tu entorno ordenado y bajo control.

Vete a ti mismo feliz y disfrutando de tu trabajo. Si trabajas con otras personas, visualízalas yendo y viniendo de buen humor; todo el mundo es eficiente y productivo.

Ahora gira las manecillas del reloj hasta las diez de la mañana. Tal vez haya llegado el correo y traiga buenas noticias.

Ahora son las once. Sea lo que sea que signifique un «buen día» para ti, visualízalo. Llamadas telefónicas, visitas, ventas, clientes… todo suma para progresar.

Sigue moviendo las manecillas del reloj hora a hora. «Ve» que ocurren cosas buenas. Finaliza tu película mental con una imagen de ti mismo expresando la alegría que sientes al final de un día perfecto. Termina la sesión contando del 1 al 5, completamente despierto, con sensación de bienestar y a la espera de un día maravilloso.

Qué hacer al mediodía — Días del 16 al 20

Si pudieras votar por tu mejor «yo», ¿por qué aspecto de ti votarías: por tu yo físico, por tu yo mental, por tu Yo Superior?

Veamos la forma en que cada yo tuyo podría hacer campaña por obtener tu voto:

Yo físico: «Yo soy tu cuerpo. Sin mí, no disfrutarías de la vida. Soy indispensable para ti».

Yo mental: «Yo dirijo tu cuerpo. Sin mí, no tendrías un cuerpo funcional. También soy tu medio de recibir y expresar placer. La mente es inteligencia. Yo soy el verdadero tú».

Yo Superior: «Soy una de las fuentes de inteligencia de la mente. Soy la fuente de vida del cuerpo. Soy tu conexión con tu origen. Sin mí, estarías separado de la unidad de todo: solo, a la deriva, en la nada».

No sé tú, pero yo voto por el yo mental. Cada uno de los tres es, sin duda, esencial, pero el yo mental nos permite alcanzar los otros dos y, de este modo, alcanzar nuestro máximo potencial.

Al completar nuestros últimos cinco días de «actividad», estamos abriendo el yo mental al yo físico y al Yo Superior. Como resultado, el yo mental puede controlar mejor el cuerpo y recibir mejor la inteligencia del Yo Superior.

Tendremos lo mejor de los tres yoes. Lo mejor de ambos mundos: de este lado y del otro.

Durante las próximas cinco tardes, te programarás para beneficiar a la humanidad. Te programarás para conseguir un mundo mejor.

¿Cómo hacer de este un mundo mejor? Bueno, convendrás conmigo en que sin guerras este mundo sería mejor. Sin adicción a las drogas o al alcohol. Sin enfermedades.

He aquí algunas otras mejoras con las que puedes coincidir o no. Elige las que te parezcan adecuadas o añade las que quieras:

- Hospitales que utilizan enfoques holísticos para reforzar los enfoques convencionales.
- Escuelas que enseñen a los alumnos a centrar su pensamiento.
- Diplomáticos hábiles en el arte de la comunicación.
- Tasas de delincuencia cada vez más bajas.
- Alimentos más naturales.
- Preservación de los bosques y gestión ecológica del entorno.
- Más libertades en estados autoritarios.
- Prejuicios dando paso a la comprensión y la aceptación.
- Abundancia para todos los pueblos del mundo.

Todos estos son beneficios para la humanidad, pero no tienes por qué sentirte un benefactor del mundo cuando te programas para alcanzarlos. Puedes ser totalmente egoísta: eres un miembro de la familia humana. Si empiezas con esta lista y la amplías para incluir tus propias preocupaciones, tendrás mucho material para programar. Independientemente del problema que elijas, el procedimiento es el mismo.

Días del 16 al 20. Siéntate en una silla cómoda. Cierra los ojos y respira profundamente. Al exhalar, relaja el cuerpo y baja completamente la cabeza. Repite dos de las afirmaciones de la mañana: «El pensamiento positivo me aporta todos los beneficios y ventajas que deseo» y «Cada día me siento mejor, mejor y mejor, a todos los niveles». Reprodúcete una película mental sobre uno de estos problemas mundiales. La película empieza con cómo están las cosas ahora. Observa cómo mejoran, cada vez más. Que en tu «escena» final el problema ya no exista. Termina la sesión contando del 1 al 5, con sensación de bienestar. Trabaja en un problema del mundo distinto en cada una de las próximas cuatro sesiones del mediodía.

Cómo experimentar la conexión con el Yo Superior

En sus numerosos artículos, vídeos y charlas, el astronauta Edgar Mitchell describe sus sentimientos al contemplar el planeta Tierra en su viaje de vuelta desde la Luna. Era una vista majestuosa y espectacular, que le hizo saber que había inteligencia en el universo, dándole sentido y dirección con la misma seguridad que el vehículo espacial en el que viajaba tenía sentido y dirección.

Mitchell lo describe como un conocimiento experimental, no como algo a lo que llegó por abstracción lógica o razonamiento discursivo. Tomó conciencia de este conocimiento como verdad. No podía «ver» esa dimensión invisible, pero estaba tan seguro de ella como de cualquier cosa que pudiera ver. Sabía que estaba ahí, dando al universo un diseño inteligente y a la vida un propósito inteligente.

Una visita a la Luna es un acontecimiento que expande la conciencia; activa la imaginación, el hemisferio derecho del cerebro actúa y la conexión con la Inteligencia Superior se activa como cuando le damos a un interruptor. El conocimiento de Mitchell se volvió superconsciente. Tomó conciencia del otro lado, y fue emocionante.

Afortunadamente, no tenemos que visitar la Luna para experimentar una emoción similar; hay otras maneras. El Método Silva es otra forma, menos espectacular y más lenta, pero te lleva hasta allí.

Ahora estás inmerso en ese proceso.

Puede que no sientas el regocijo que Mitchell describe, pero sucederán cosas que te harán estar seguro de que hay una inteligencia más grande involucrada en tu vida. Habrá coincidencias. Habrá sincronicidad. Habrá «suerte». ¿Qué podría ser más emocionante?

En tus actuales ejercicios de mediodía, se te pidió que bajaras la cabeza. Déjame explicarte por qué. Mientras trabajaba en cientos de casos difíciles, observé que obtenía mejores resultados cuando bajaba la cabeza como en la oración. Me preguntaba a qué se debía. Descubrí que al bajar la cabeza, me estaba alineando con el centro de la Fuente: con la Inteligencia Superior.

Cuando pedí a los demás que bajaran la cabeza, la mejora tardó un poco en hacerse evidente. Esto me dio otra pista sobre lo que podía estar ocurriendo: el otro lado solo ayuda a aquellos que primero intentan ayudarse a sí mismos.

Al bajar la cabeza, parece que registramos nuestros intentos en el Gran Ordenador. Cuando pedimos ayuda, una Inteligencia Superior responde; si no se ha registrado ningún intento en el Gran Ordenador, no recibimos ayuda. Asimismo, si el Ordenador sabe que has intentado resolver casos problemáticos por ti mismo con frecuencia, con éxito o sin él, te manda ayuda desde el otro lado. «A Dios rogando y con el mazo dando».

Hay excepciones. Las personas que desarrollan una reputación de fiabilidad parecen obtener ayuda del otro lado independientemente de si sus intentos han sido registrados, es decir, de si han intentado programar para resolver problemas. Cada uno de nosotros parece tener un «expediente personal» en el Gran Ordenador, y si reflejamos un patrón de fiabilidad en nuestro historial de comportamiento, somos más elegibles para recibir ayuda del otro lado.

Un asesinato en Texas

A principios de los años setenta, había empezado a enseñar el Método Silva con bastante regularidad en una ciudad de Texas. El director de la facultad de psicología de la universidad local estaba interesado en que los estudiantes de psicología asistieran a nuestras sesiones de entrenamiento para que pudieran discutir el método en clase. Acepté.

Algún tiempo después, una mujer que trabajaba como conserje en la universidad fue asesinada en uno de los laboratorios. Tras varios meses de investigación, no había pistas. A sugerencia del director de la facultad de psicología, la policía acudió a mí. Los dos agentes me preguntaron si había alguna posibilidad de que descubriera información que ayudara a identificar al asesino.

«Sí», les dije, «existe esa posibilidad. Desde su nivel de clarividencia, un clarividente puede retroceder en el tiempo y saber cómo fue asesinada la persona. Incluso es capaz de describir al asesino».

«¿Lo hará usted por nosotros?», me preguntaron.

«No», respondí, explicando que no utilizo el Método Silva para atrapar a nadie.

Argumentaron que era mi obligación con la sociedad. Les dije que debían hacer la formación y ayudarse a sí mismos. No tenían tiempo, así que el asunto quedó zanjado.

Un mes más tarde, cuando regresé a esa ciudad de Texas, me encontré un sobre grande en el buzón del hotel. Contenía una foto de la mujer asesinada, un mapa que mostraba dónde había tenido lugar el crimen y una nota que decía: «Por favor, haga lo que pueda para ayudarnos».

A pesar de mis reservas, decidí dejarlo en manos de la Inteligencia Superior. Esa misma noche me puse a mi nivel, bajé la cabeza y presenté los hechos del asesinato a la Inteligencia Superior.

Aunque no recibí ninguna revelación, la respuesta llegó rápidamente de otra forma. A última hora de aquella noche o a primera hora de la mañana, alguien irrumpió en el despacho de uno de los profesores. Los investigadores conjeturaron que había sido para buscar respuestas a las preguntas de un examen que se iba a realizar próximamente. Se asignó a un detective para que vigilara el edificio la noche siguiente. Efectivamente, un individuo volvió a entrar en el mismo despacho. Se produjo una auténtica persecución al estilo cinematográfico en la que intervinieron varios coches patrulla. La policía capturó al fugitivo en las afueras de la ciudad. Le encontraron una llave maestra. Esta llave había pertenecido a la mujer asesinada. El sospechoso confesó el asesinato y más tarde fue condenado por el crimen. Una vez presentado a la Inteligencia Superior, este caso aparentemente atascado se resolvió en menos de 36 horas.

Qué hacer por la noche — Días del 16 al 20

Las criaturas de Dios hemos sido creadas a imagen del Creador. Esa imagen es nuestra inteligencia humana. A medida que usamos esa inteligencia para resolver más y más problemas, nos parecemos más a Dios, que puede resolver todos los problemas.

Problema es cualquier cosa que perjudique la obra del Creador, incluidas sus criaturas. Cuando resolvemos un problema, cualquier tipo de problema, estamos ayudando al Creador con la creación, estamos del lado del Creador.

Si causamos problemas, nos alejamos del Creador. Si resolvemos problemas, nos acercamos. Cuantos más problemas resolvemos, más nos acercamos al Creador. Una persona puede acercarse aún más al Creador resolviendo problemas que rezando todo el día.

Mientras perfeccionamos nuestra habilidad para resolver problemas al trabajar en ellos cada día, estamos de camino a convertirnos en dioses en la Tierra. Cuando lleguemos a un punto en el que seamos capaces de resolver todos los problemas de este planeta, seremos los dioses de este planeta.

Te estás acercando al punto en el que serás capaz de resolver problemas que antes desafiaban tus esfuerzos.

Ya eres capaz de ir a tu nivel Alfa y corregir tus propios problemas de salud. Puedes corregir un problema de comportamiento. Puedes elevar tu estado de ánimo y tus energías.

Durante estos últimos cinco días de práctica, tus sesiones de mediodía están dedicadas a la resolución altruista de problemas. Las sesiones vespertinas se dedicarán a beneficios personales más directos.

La mayoría de los problemas humanos tienen su origen en otros seres humanos. Las relaciones humanas pueden ser la fuente de conflictos aparentemente insuperables. Como dos alces que se enfrentan en una batalla por la supremacía, estamos constantemente «enzarzándonos» con otras personas. Tu voluntad contra la suya. Lo que tú crees que es correcto frente a lo que ellos creen que es correcto. Tu manera de hacerlo frente a la suya.

Normalmente, los enfoques objetivos —hablarlo o escribirlo— empeoran las cosas. La ruptura se agrava. El problema se enquista.

Los enfoques subjetivos mejoran las cosas. A nivel subjetivo, la comunicación evita la confrontación. En su lugar, estalla la unidad. No se centra en quién tiene razón. Se centra en lo que es correcto. El Yo Superior apelando al Yo Superior por lo que es correcto para ambos implica una Inteligencia Superior. En lugar de estar en lados opuestos de la valla proverbial, ambos están en el lado del Creador.

El problema se resuelve.

Durante las próximas dos noches, practicarás este enfoque subjetivo para mejorar una relación con alguien. Durante las últimas tres noches, pasarás a ayudarte a ti mismo con otras aplicaciones del nivel Alfa.

Ejemplos de los tipos de problemas de relaciones humanas que merecen tus enfoques subjetivos son:

- Un malentendido con tu cónyuge o amante.
- La inclinación de un hijo a rebelarse o desobedecer.
- Las actividades molestas de un vecino.
- El comportamiento perturbador de un compañero de trabajo.
- Una diferencia de opinión con un amigo o familiar.

La lista es interminable. Sin duda, tienes dos situaciones conflictivas con otras personas que pueden mejorarse. Mientras trabajas en estos problemas de relación, recuerda dos reglas.

Tu conversación subjetiva debe ser:

1. Amorosa, si sientes cualquier cosa menos amor, practica primero el perdón.
2. Beneficiosa para ambas partes. Enuncia cómo tu trabajo beneficiará tanto a la otra persona como a ti mismo.

Noches 16 y 17. Elige un problema humano diferente cada noche. Siéntate en una silla cómoda, cierra los ojos e inclina la cabeza. Respira profundamente y, al exhalar, relaja el cuerpo por completo. Cuenta mentalmente hacia atrás del 5 al 1. Imagínate a la persona con la que tienes el problema. Expresa tu amor o cariño por esa persona. Identifica el problema mutuo. Explícate la solución mutua, lo que es correcto para ambos.

Siente la cercanía de esa persona al terminar la sesión, contando del 1 al 5, sintiéndote bien. A partir de ahora, cuando pienses en la situación, piensa en ella no como el problema que era antes, sino como la solución en la que se está convirtiendo ahora.

En tus últimas tres noches de «actuación», irás a tu nivel en la cama cuando te prepares para ir a dormir. Cada noche, utilizarás tu nivel Alfa para un beneficio personal diferente: deshacerte de una actitud negativa persistente, ayudar a corregir un problema de salud y activar más tu mente para que trabaje para ti. Estas son las instrucciones para cada noche:

Noche 18. Deshacerse de una actitud negativa persistente. Selecciona alguna actitud negativa que desees cambiar. Justo antes de dormirte, ponte a nivel como lo hiciste la noche anterior. Identifica la actitud que has seleccionado. Admite que no es sana ni positiva. Expresa tu deseo de cambiarla. Dite a ti mismo: «Cuando abra los ojos a la cuenta de 5, dejaré de sentir (sentimiento negativo) y sentiré (sentimiento positivo)». Esto sustituirá tu declaración habitual de «ayuda a despertar». Cuenta lentamente del 1 al 3 y repite esta afirmación. Continúa la cuenta hasta 5, abra los ojos y afirma: «Ya no siento (sentimiento negativo), siento (sentimiento positivo)». Ejemplos de algunos sentimientos o actitudes negativas y los opuestos en los que puedes transformarlos son: Resentimiento — Aceptación; Celos — Agradecimiento; Depresión — Euforia; Desesperanza — Esperanza. Vuelve a leer estas instrucciones antes de acostarte.

Noche 19. Ayudar a corregir un problema de salud. Elige algún problema menor de salud que desees aliviar: un trastorno de la piel, acidez de estómago, tos…, algo que hayas decidido que es demasiado leve para acudir a un médico. Justo antes de dormirte, ve a tu nivel de la manera habitual. Imagina que eres capaz de entrar en tu cuerpo. «Visita» la zona problemática. Arréglala en tu imaginación. Que tu imagen final sea la de la zona afectada en perfecto estado. Ve a dormir desde tu nivel. Vuelva a leer estas instrucciones antes de acostarte.

Noche 20. Conseguir que una parte mayor de tu mente trabaje para ti. Justo antes de dormirte, ve al nivel como has estado haciendo cada día. Junta el pulgar y los dos primeros dedos de ambas manos. Mentalmente di: «Cada vez que junto estos tres dedos, mi mente funciona a un nivel más profundo de conciencia». Repítelo dos veces más. Duérmete desde el nivel. Lee estas instrucciones tres veces antes de acostarte. A partir de la mañana siguiente, siempre que necesites ser más inteligente —en una reunión, tomando una decisión o hablando con una persona importante— junta los tres dedos.

Resumen de los ejercicios semanales — Días del 16 al 20

He aquí el resumen de los cinco últimos días de ejercicios, del 16 al 20. Revisa el material anterior para obtener un análisis más completo de los ejercicios de cada día.

	MAÑANA	MEDIODÍA	NOCHE
Día 16	Siéntate en una silla. Ojos cerrados, respiración profunda. Cuenta del 5 al 1. Afirma «más profundo, más rápido». Afirma «pensamientos positivos». Afirma «cada vez mejor». Termina la sesión contando del 1 al 5.	Siéntate en una silla. Ojos cerrados, respiración profunda. Baja la cabeza, cuenta del 5 al 1. Afirma «pensamiento positivo». Afirma «cada vez mejor». Elige un problema mundial importante. Reprodúcete la película en tres partes. Finaliza la sesión contando del 1 al 5.	Siéntate en una silla. Ojos cerrados, respiración profunda. Baja la cabeza y cuenta del 5 al 1. Selecciona un problema humano. Comunicación subjetiva. Finaliza la sesión contando del 1 al 5.
Día 17	Siéntate en una silla. Ojos cerrados, respiración profunda. Cuenta del 5 al 1. Afirma «más profundo, más rápido». Afirma «pensamientos positivos». Afirma «cada vez mejor». Finaliza la sesión contando del 1 al 5.	Cuenta hacia atrás del 25 al 1. Afirma concentración. Lee las notas de los sueños. Selecciona sueños temáticos. Finaliza la sesión contando del 1 al 5.	Siéntate en una silla. Ojos cerrados, respiración profunda. Baja la cabeza y cuenta del 5 al 1. Selecciona un problema humano diferente. Comunicación subjetiva. Finaliza la sesión contando del 1 al 5.

	MAÑANA	**MEDIODÍA**	**NOCHE**
Día 18	Siéntate en una silla. Ojos cerrados, respiración profunda. Cuenta del 5 al 1. Afirma «más profundo, más rápido». Afirma «pensamientos positivos». Afirma «cada vez mejor». Reprodúcete una película mental de un día perfecto. Finaliza la sesión contando del 1 al 5.	Siéntate en una silla. Ojos cerrados, respiración profunda. Baja la cabeza y cuenta del 5 al 1. Afirma «pensamientos positivos». Afirma «cada vez mejor». Elige un problema mundial diferente. Reprodúcete la película en tres partes. Finaliza la sesión contando del 1 al 5.	Ve a la cama. Ojos cerrados, respiración profunda. Cuenta del 5 al 1. Identifica la actitud negativa. Expresa el deseo de conseguir lo contrario. Cuenta del 1 al 5 afirmando lo positivo. Concilia el sueño.
Día 19	Siéntate en una silla. Ojos cerrados, respiración profunda. Cuenta del 5 al 1. Afirma «más rápido». Afirma «pensamientos positivos». Afirma «cada vez mejor». Reprodúcete una película mental de un día perfecto. Finaliza la sesión contando del 1 al 5.	Siéntate en una silla. Ojos cerrados, respiración profunda. Baja la cabeza y cuenta del 5 al 1. Afirma «pensamientos positivos». Afirma «cada vez mejor». Elige un problema mundial diferente. Reprodúcete la película en tres partes. Finaliza la sesión contando del 1 al 5.	Ve a la cama. Ojos cerrados, respiración profunda. Cuenta del 5 al 1. Selecciona el problema de salud. Entra en tu cuerpo y arréglalo. Visualiza el problema resuelto. Duérmete.
Día 20	Siéntate en una silla. Ojos cerrados, respiración profunda. Cuenta del 5 al 1. Afirma «más profundo, más rápido». Afirma «pensamientos positivos». Afirma «cada vez mejor». Reprodúcete la película mental de un día perfecto. Finaliza la sesión contando del 1 al 5.	Siéntate en una silla. Ojos cerrados, respiración profunda. Baja la cabeza y cuenta del 5 al 1. Afirma «pensamientos positivos». Afirma «cada vez mejor». Elige un problema mundial diferente. Reprodúcete la película en tres partes. Finaliza la sesión contando del 1 al 5.	Ve a la cama. Ojos cerrados, respiración profunda. Cuenta del 5 al 1. Tres dedos juntos. Afirma «conciencia más profunda». Repite dos veces más. Duérmete.

Enhorabuena. Ya has desarrollado el contacto. Tienes la capacidad de obtener ayuda del otro lado para ti y para tu mundo. Puedes relajarte rápida y profundamente y has desarrollado la capacidad de imaginar mentalmente una situación problemática y llevarla a la solución. Ahora, en la Parte II, puedes empezar a utilizar el contacto para mejorar tu propia vida y la de los que te rodean. Aprenderás a aplicar tus nuevos conocimientos a problemas muy concretos de tu vida cotidiana.

Te mereces una palmadita en la espalda; ahora tienes un medio de apoyo invisible muy fuerte. Ahora es el momento de utilizarlo.

SEGUNDA PARTE
CÓMO USAR EL CONTACTO

Capítulo 7
Qué hacer antes de pedir ayuda

Cuando pedimos ayuda en este mundo físico del hemisferio izquierdo del cerebro, primero debemos decidir qué área de especialización es la más adecuada para proporcionarnos esa ayuda. Así, concertamos una cita con un gestor de préstamos bancarios, o con un especialista sanitario, o con un psicólogo, o con un abogado, o con un arquitecto, o con un contable, según nuestras necesidades. El mundo físico es un reino de divisiones y separaciones. Así es como le gusta al cerebro izquierdo, porque se nutre de los detalles.

Cuando pides ayuda al otro lado, las cosas son muy distintas. Estás utilizando tu cerebro derecho para contactar con el mundo no físico. Aquí la unidad, la unicidad, es todo lo que cuenta. Por lo tanto, solo hay una fuente para esa ayuda, aunque pueda llegar a través de varios canales físicos. Pedir también es más sencillo. Se podría decir que el proceso es automático. La ayuda llega. Y no te encontrarás con ninguna factura en el buzón de correo.

Tengo que confesar algo.

Dirás que te he engañado. Te lo explicaré.

En la siguiente página, recibirás las primeras instrucciones sobre cómo obtener ayuda específica del otro lado.

¿Cómo te sientes? ¿Estás emocionado? ¿Nervioso? ¿Mariposas en el estómago? ¿Te estás diciendo «¿Y si fracaso?» o «¿Y si no me funciona?». ¿O, tal vez, todo lo anterior?

¿Qué hace esta emoción exacerbada por la relajación? La boicotea. ¿Y qué hace el temor al fracaso a tus expectativas y creencias? Las anula. Recuerda, las expectativas y las convicciones son las luces verdes que hacen que tu cerebro diga «adelante». La relajación también es necesaria para establecer el contacto con el otro lado. Así que ahora mismo, probablemente has abonado el terreno para tu propio fracaso *al no relajarte y al esperar el fracaso.*

Por eso, en la página siguiente no recibirás tus primeras instrucciones sobre cómo obtener ayuda del otro lado. Repito, no vendrán esas primeras instrucciones.

¿Por qué? Te he hecho una jugarreta. Ya has recibido estas instrucciones y ya has pedido ayuda, y esa ayuda ya ha llegado o está en camino.

Me refiero a los «ejercicios» que hiciste en los últimos cinco de los veinte días. Pediste ayuda al otro lado cuando reprodujiste una película mental en la que todo iba a la perfección.

Pediste ayuda al otro lado cuando reprodujiste una película mental sobre problemas mundiales que se resolvían.

Pediste ayuda al otro lado cuando mantuviste una conversación subjetiva con otra persona para resolver un problema entre ambos.

Pediste ayuda al otro lado cuando te programaste durante las últimas tardes de práctica para obtener beneficios personales.

Todos estos ejercicios involucraban hasta cierto punto al superconsciente. La imaginación de tu cerebro derecho involucraba a tu Yo Superior. Tu Yo Superior está al menos en parte en el otro lado y, según cómo definamos técnicamente «el otro lado», tu Ser Superior podría estar enteramente en el otro lado.

Esto quiere decir que has superado el obstáculo. Has empezado a utilizar la conexión que has ido desarrollando. Ha sido facilísimo. Sin sudor. Sin mariposas. Sin «y si…».

> Cuanto más practiques, mejor te saldrá. Cuantas más formas de pensamiento centrado utilices para resolver problemas, más formas nuevas tendrás a tu disposición.

Esa es la idea central de la segunda parte de este libro y, por eso, he elegido el título «Cómo usar el contacto». Ahora te invito a que te sumerjas, a que te relajes y te pongas en manos de tus propias capacidades. Ya lo has demostrado. Confía en tu éxito asegurado. Ya está empezando a manifestarse.

Ya eres un mejor programador «informático»

Ahora que has aprendido a contactar con el otro lado, sacarás provecho de esta Inteligencia Superior de formas emocionantes. Pero primero, veamos algunas posibles desventajas.

Con una mayor parte de tu cerebro abierta a la actividad pensante de tu mente, es más fácil programarla. Esto es ventajoso cuando aprendas a programarte de forma positiva para recibir ayuda, como ocurrirá en los capítulos siguientes. Pero tu cerebro también estará más abierto al pensamiento negativo de tu mente y, por lo tanto, será más proclive a ser programado de formas que no te interesan. No necesitas los capítulos siguientes para volverte hábil en la programación negativa. Si eres como la mayoría de la gente, probablemente has estado pensando negativamente durante años.

La programación utiliza palabras e imágenes. Cuando las palabras se repiten una y otra vez y las imágenes se mantienen en la mente mientras nos relajamos, nos programamos para ellas. Veamos cómo te programas negativamente con palabras repetidas. Ciertas figuras discursivas pueden programar un cuerpo sano para funcionar mal.

Considera lo siguiente:

«Es un dolor de cuello». Si algún día te duele el cuello, piensa en quién te lo ha «causado».

«Es un dolor de cabeza». Esto también es bastante específico en su programación.

«Ella me enferma». Esto es más general. Es como dejar las puertas abiertas a la enfermedad siempre que estés con ella.

He aquí una lista de otras afirmaciones negativas comunes en la programación:

- «Me da asco». (Vesícula biliar)
- «Me rompió el corazón». (Corazón)
- «No le soporto». (Pies)
- «Me da dolor de…». (Hemorroides)
- «No lo digiero». (Indigestión)

Empieza a prestar atención a las palabras que utilizas. Se cuelan en tu ordenador. Tu ordenador dirige tu cuerpo automáticamente; no dice: «Oh, no lo dice en serio». No tiene un juicio crítico. Tampoco dice: «Oh, solo está bromeando». No tiene sentido del humor.

Si te sorprendes a ti mismo utilizando palabras negativas, no todo está perdido. Puedes borrarlas de tu ordenador antes de que se almacenen permanentemente diciendo rápidamente: «Cancelar, cancelar». A continuación, sustituye lo que acabas de decir por una frase positiva.

Ejemplo. Acabas de decir: «No puedo ver eso». Rápidamente dices: «Cancelar, cancelar» y añades algo así como: «Empiezo a verlo y a entenderlo cada vez mejor».

Ahora hablemos de las imágenes mentales. Estas se convierten en programación mental aún más fácilmente que las palabras.

¿Recuerdas la última vez que le dijiste a un niño: «No des un portazo»? Y llegó el inevitable portazo. O: «No derrames la leche»; salpicadura. El niño retiene la idea como una imagen. La imagen se hace realidad —no cabe otra opción—: es la semilla de la creación.

La idea es utilizar imágenes que quieres que se hagan realidad en lugar de las que deseas evitar: «Por favor, cierra la puerta con cuidado». «Bébete la leche con cuidado».

Aplicado a tus pensamientos cotidianos, la forma de hacer la transición es igual de fácil de identificar, pero no tan fácil de poner en práctica.

Para pasar de la ensoñación negativa sobre, digamos, «¿cómo voy a pagar esas facturas?» a un enfoque positivo, simplemente imagínate a ti mismo con el dinero necesario y pagando las facturas.

El problema es que tenemos el hábito de pensar negativamente. No tenemos el hábito de pensar positivamente. Con el Método Silva, puedes usar tu experiencia en programación de muchas maneras útiles. Estas maneras no necesariamente invocan ayuda del otro lado, pero te preparan para recibir ayuda del otro lado más fácilmente.

Puedes programar pensamientos negativos y positivos.

Puedes programar sentimientos y emociones destructivas y programar sentimientos y emociones constructivas.

Puedes programar hábitos de comportamiento no deseados y programar hábitos de comportamiento deseables.

Si sueles pensar en negativo, con sentimientos destructivos y comportamientos indeseables, te has separado de tu fuente, por lo que es más difícil contactar con ella en busca de ayuda. Por otro lado, si sueles pensar en positivo, con sentimientos constructivos y un comportamiento deseable, estás más cerca de tu fuente y más cerca de la ayuda que necesitas.

En los próximos capítulos aprenderás a obtener ayuda para los problemas de las personas, los problemas de salud, los problemas de negocios y otros tipos de problemas difíciles que la vida nos depara con frecuencia.

Ya tienes las herramientas. Ahora aprenderás a utilizarlas, casi de la misma forma en que un carpintero experto fabrica hermosos productos de madera. Pero, ¿de qué sirve un carpintero que duerme demasiado, bebe demasiado, está enfermo o incapacitado?

Primero debes utilizar tu habilidad de programación para corregir tus pensamientos, sentimientos y comportamientos negativos.

No pienses que este es un proceso largo e interminable. No lo es. La programación puede tener lugar instantáneamente.

Cómo programarte para un contacto permanente

Arthur K. era un «pesimista». El tráfico podía ser demasiado denso, así que no iba. Más tarde se arrepentía de no haber ido. Otras veces, se perdía alguna diversión porque pensaba que podría llover, o que no habría aparcamiento; siempre había algo.

Cuando hizo la formación del Método Silva, Arthur cayó en la cuenta de que se estaba frenando a sí mismo con pesimismo y preocupaciones. También se dio cuenta de que podía cambiar las cosas. Contó hasta su nivel Alfa y admitió su debilidad: «Soy pesimista y me preocupo demasiado». A continuación, se programó para cambiar esta debilidad: «Cuando cuente hasta cinco y abra los ojos, ya no seré pesimista, seré optimista. No me preocuparé por los malos resultados, esperaré resultados exitosos». Empezó a contar: «Uno, dos, tres...». A la cuenta de tres repitió esta programación y, a continuación, reanudó la cuenta: «Cuatro, cinco». Cuando llegó al cinco y abrió los ojos, Arthur repitió la programación por tercera vez de esta manera: «Ya no soy pesimista ni me preocupo. Soy optimista y espero resultados satisfactorios». No hubo relámpagos ni truenos. Arthur simplemente se volvió más positivo y atrajo acontecimientos positivos a su vida.

Recuerdo mi propia actitud en los años sesenta y principios de los setenta, cuando empezamos a enseñar el Método Silva, primero en Texas y luego a nivel nacional. La prensa se inclinaba por tratarnos con dureza. Luego vino nuestra primera cobertura nacional de noticias. Fue en *Newsweek*, el 29 de marzo de 1971. El artículo fue negativo, realmente negativo.

Me sentí frustrado con la prensa. Escribían como si supieran de lo que estaban hablando, aunque no habían hecho sus deberes. El articulista no había seguido la formación del Método Silva antes de escribir sobre ella.

Cuando apareció un artículo en *The Boston Globe* en el que una periodista afirmaba que estafábamos a la gente y que trabajábamos para el diablo, mi frustración, ira y resentimiento aumentaron. Fui a mi nivel. Admití el problema de mis sentimientos negativos y me di instrucciones para ser más comprensivo y positivo. Hice la cuenta.

Inmediatamente me sentí impulsado a volar a Boston y reunirme con el director de *The Boston Globe*. Una vez en su despacho, le hablé del artículo.

«Dice que somos unos farsantes. ¿Por qué no cogió el teléfono y llamó al Better Business Bureau? ¿Por qué no llamó a los funcionarios municipales de nuestra ciudad y les preguntó por nosotros? Ellos sabrían decirle si somos un fraude o no». «Y sobre nuestro trabajo para el diablo, tampoco creo que hablara con el diablo», añadí.

El editor estuvo de acuerdo en que el artículo era inexacto. Dijo que la mejor manera de corregir el error era enviar a otro periodista para que hiciera la formación y escribiera un artículo.

«¿Le parece bien?», preguntó.

Le contesté: «Me parece muy bien. Incluso le daré una beca».

«No, lo pagará el periódico», replicó el director. «No quiero que el periodista sea parcial a su favor. Informará de forma objetiva. ¿Le parece bien?».

«De acuerdo», le dije.

El periodista asignado para hacer el reportaje era un hombre llamado Robert Taylor, y el artículo que escribió, titulado «El descenso a Alfa», es uno de los mejores que se han escrito sobre el Método Silva. Lo hemos reimpreso muchas veces y ha atraído a mucha gente a la formación.

Si hubiera caído en el hábito de considerar enemigo a la prensa, lo más probable es que llegase a serlo. El pensamiento negativo atrae resultados negativos. El pensamiento positivo atrae resultados positivos.

He aquí algunas cosas que puedes hacer ahora mismo para vivir de forma más positiva:

1. Identifica una o más características negativas no deseadas en tus pensamientos, actitudes o comportamiento. Enuméralas en un papel. En una columna paralela, enumera los pensamientos, actitudes o comportamientos opuestos: la forma en que deseas ser.
2. Coge la primera característica negativa y prográmala para eliminarla. Relájate y cuenta hasta alcanzar tu nivel de la forma en que lo ha estado haciendo. Admite tu problema. Afirma la solución. Cuenta hasta cinco, reafirmando la solución a mitad de camino (a la cuenta de 3) y volviendo a hacerlo cuando abras los ojos (a la cuenta de 5).
3. Cada día coge otra característica de tu lista y corrígela, haciéndola pasar de negativa a positiva. Cuando llegues al final de la lista, refuerza repitiendo donde sea necesario.

Millones de personas se han beneficiado de esta programación de negativo a positivo. No puede fallar. Se basa en una sólida base de verdad.

Orígenes del Método Silva

El Método Silva se basa en el estudio de siete temas diferentes. Un breve análisis de cada uno de ellos te ayudará a entender mejor el método.

1. *El estudio de la Biblia, Antiguo y Nuevo Testamento.* Cada vez que encontrábamos algo en la investigación que parecía ser beneficioso para los seres humanos, y pensábamos que se debía agregar y formar parte del Método Silva, nos asegurábamos de que no estuviera en conflicto con el Antiguo y el Nuevo Testamento de la Biblia.

2. *El estudio del comienzo de las principales religiones y la creación de iglesias.* Debido a la investigación en psicometría, me interesé por los edificios de las iglesias. Me interesaron estos edificios por un par de razones. En primer lugar, los seres humanos caminan rodeados de un globo de energía llamado aura. El aura se extiende en todas las direcciones hasta una distancia de no menos de siete metros. Todo lo que toca este campo de energía humana se programa automáticamente. Con programar, queremos decir que el aura altera en cierta medida el estado de la materia en relación con los pensamientos y experiencias de la persona.

Las paredes de una iglesia están saturadas de los pensamientos de miles y miles de personas que han entrado en el edificio con la idea de comunicarse con nuestro Creador. Puedes tener o no fe en el rabino, sacerdote o ministro que preside allí; van y vienen. Pero el edificio permanece y sigue albergando a miles y miles de personas que irradian y siguen programando cada trozo de argamasa, madera y acero con el deseo de comunicarse con nuestro Creador, allanando el camino a los que entramos después para encontrar el canal de comunicación con el Creador. Muchas de mis ideas surgieron en mi iglesia.

3. *El estudio de las palabras de Jesucristo.* Al estudiar las enseñanzas de Cristo y compararlas con los resultados de nuestra investigación, encontramos similitudes muy estrechas. Esto nos ayudó a desarrollar técnicas que ayudaban a las personas a ayudarse a sí mismas.

4. *El estudio de los grandes de la ciencia y la investigación de la mente.* Desde los magnetizadores e hipnotizadores del pasado hasta los psicólogos, psiquiatras, hipnoanalistas y físicos del presente.

5. *El estudio de la psicología, la física, la hipnosis, la parapsicología, la electroencefalografía, la física, la electrónica y la psicotrónica.* El estudio de la psicología nos ayudó a comprender mejor al ser humano. El estudio de la hipnosis nos permitió conocer más de cerca el poder de nuestras mentes fenoménicas. El estudio de la parapsicología reveló lo que otros habían hecho en este campo y cómo lo habían hecho. El estudio de la electroencefalografía nos ayudó a distinguir la diferencia entre el cerebro, la mente y la inteligencia humanas. El estudio de la física es cada vez más esencial a medida que los científicos empiezan a comprender la conciencia.

Hemos llegado a aceptar la inteligencia humana como lo que las religiones llaman alma o espíritu, a diferencia de la inteligencia animal. La inteligencia animal también se conoce como inteligencia celular o biológica.

También hemos llegado a aceptar el cerebro humano como un ordenador biológico que funciona con energía vital o lo que algunos científicos llaman ahora energía psicotrónica, y que puede ser programado por la inteligencia humana para funcionar de forma automática, semiautomática o manual mediante programación.

En cuanto a la mente humana, no la consideramos una cosa, sino una facultad de la inteligencia humana, que existe en lo que consideramos una dimensión no física, sintonizándose con una determinada región del cerebro que existe en la dimensión física.

Como gran parte de este trabajo tiene que ver con la interacción electroquímica-magnética de la energía, el estudio de la electrónica fue muy útil.

6. *El estudio de la llamada medicina no ortodoxa*, como la curación por la fe, la curación psíquica y la curación espiritual. Esta investigación ha sido muy emocionante, interesante y beneficiosa. Lo más impresionante es ver a un sanador utilizar un método no ortodoxo de curación para corregir un problema de salud considerado crónico, incurable o irreversible, como la artritis, la diabetes, el glaucoma, el cáncer, la leucemia, las alergias o la migraña.

Hemos visto hacer tantas cosas con el uso de métodos no ortodoxos que nos preguntamos cuándo se va a establecer una rama de la medicina que abarque todos los métodos no ortodoxos de curación para ocuparse de los casos crónicos e «incurables».

Desde el principio de nuestro trabajo en el Método Silva, hemos incluido elementos que utilizan el propio sistema de creencias y la actitud mental del paciente para mejorar el proceso de curación. Esto hace del graduado del Método Silva un paciente ideal, uno que responderá más rápidamente a todo tipo de tratamientos.

7. *El estudio de la ontología, la rama de la filosofía que se ocupa del ser o la existencia*. Esto nos llevó a entender que somos representantes de la Inteligencia Superior. Podemos invocar al Creador, a Dios o a la Inteligencia Superior. Creemos que es nuestra obligación, nuestra misión, cuidar de la creación en nuestro plano de existencia.

Recién ahora estamos tomando conciencia de que realizamos en nuestro plano de existencia lo que el Creador realiza en todo el universo. Creemos que la Inteligencia Superior necesitaba a alguien que se ocupara de esta parte de la creación, así que fuimos creados con ese propósito.

Para ocuparnos de nuestra misión, debemos hacer todo lo posible para eliminar las barreras que impiden que el flujo del proceso creativo alcance la perfección. Creemos que Dios es la más elevada de las inteligencias porque puede resolver todos los problemas. Cuando frustramos el proceso creativo, estamos trabajando contra Dios; estamos frustrando la obra del Creador. Creemos que las personas que promueven el proceso creativo se acercan más a Dios. Creemos que una coincidencia puede ser el mecanismo a través del cual la Inteligencia Superior nos ayuda. Cuando pedimos ayuda de una manera creativa, para resolver problemas en el proceso creativo de nuestras vidas, estamos llamando a Dios. El Método Silva es una manera creativa de pedir la ayuda que necesitamos y establecer ese contacto esencial con el otro lado.

Cómo abrirse a la abundancia

Intenta abrir la puerta de la abundancia por ti mismo. Si está atascada, la ayuda vendrá del otro lado. ¿Cómo abrirá la puerta el otro lado? Existen varias posibilidades, pero no todas te conciernen a ti. He aquí algunos factores que frenan tu marea de abundancia. Primero los enumero y luego los comento.

1. Lo que estás creando no es necesario.
2. Lo que estás creando no es suficiente.
3. No estás siendo creativo.
4. Crees que no estás siendo creativo.
5. Crees que lo que creas no tiene valor.

1. *Lo que estás creando no es necesario*
Examinemos el primer factor.

Nadie desencadenará nunca el flujo de la abundancia vendiendo hielo a los esquimales, o carbón a Newcastle. Lo que creamos debe ser útil. Al cubrir una necesidad nos volvemos creativos. Si esto suena a «cosa vieja», es porque lo es. El Método Silva no nos prepara para eludir viejas verdades; nos exige que las aprovechemos.

2. Lo que estás creando no es suficiente

Otro error que cometemos a menudo es pensar que estamos siendo creativos cuando en realidad solo estamos incursionando en el proceso creativo. A Max le gustaba escribir poesía. Escribía un poema aproximadamente una vez al mes. Sus poemas nunca eran aceptados para su publicación; se preguntaba por qué. Entonces asistió a un recital de poesía de un poeta conocido y descubrió su error: el verdadero poeta pasaba de seis a ocho horas al día escribiendo y perfeccionando su poesía. Max solo dedicaba unas pocas horas al mes, lo que apenas suponía un verdadero esfuerzo creativo.

3. No estás siendo creativo

Una tercera forma de equivocarse sobre la creatividad es dedicarse a una actividad que puede resultar rentable ocasionalmente, pero que en realidad no hace del mundo un lugar mejor. La persona que pasa la mayor parte de su tiempo apostando en partidos de fútbol y baloncesto puede ganar dinero rápido, pero no está creando nada real. Del mismo modo, la persona que se pasa el tiempo jugando a la bolsa puede salir ganando económicamente, pero su conexión con el otro lado se resentirá.

4. Crees que no estás siendo creativo

Un cuarto obstáculo puede ser el hecho de que las personas que están siendo creativas menosprecien lo que están haciendo por considerarlo insignificante o poco creativo. Shelley era camarera porque era el único trabajo que podía encontrar. Lo odiaba. Sentía que estaba desperdiciando su capacidad creativa. Una noche, un graduado del Método Silva al que atendía le recordó la necesidad de pensar en positivo y la importancia de buscar el lado creativo de todo lo que hacemos. Shelley pronto empezó a atender mejor a la gente, a ganar más en propinas y a disfrutar más de su trabajo. Con el tiempo la nombraron subdirectora y luego le ofrecieron un trabajo en un hotel cercano, donde se convirtió en subdirectora del departamento de *catering*.

5. Crees que lo que creas no tiene valor

Por último, hay personas que se reconocen creativas, pero que restan valor a lo que crean.

Después de trabajar durante un tiempo para una marca de perfumes, René decidió emprender un negocio por su cuenta. No estaba convencido del valor de su producto, así que mantuvo el precio bajo. Su primera línea fue adquirida rápidamente por unas grandes superficies debido a su bajo precio. Pero el perfume se quedó en las estanterías, sin vender. Todos sus contactos comerciales estaban de acuerdo en que era un buen perfume, pero nadie sabía cómo venderlo. René se relajó y soñó despierto con el problema. Se preguntó qué estaba haciendo mal. Se encontró pensando en el precio competitivamente bajo. No sugería la calidad real de su producto. El perfume era tan exquisito que realmente valía mucho más.

René consiguió que uno de los grandes almacenes triplicara el precio. Otros establecimientos siguieron su ejemplo y subieron el precio. René solo tuvo éxito cuando elevó el valor de lo que creaba.

Cinco puertas cerradas. Hay que abrirlas para recibir ayuda del otro lado. El Método Silva puede ayudarte a abrir estas puertas.

Las cinco afirmaciones

Cuando abras estas puertas, la ayuda del otro lado puede venir y vendrá a ti, tan seguro como que este libro caerá si lo sueltas. Cuando abres estas puertas, tus semillas de creatividad pueden crecer y florecer. Plántalas, nútrelas y disfruta de sus frutos.

Al pasar de los símbolos a la acción, «ves» tu objetivo Alfa; las ideas, las personas y las soluciones aparecen de forma súbita y cierta; alcanzas tu objetivo y obtienes satisfacción.

Ahora vas a abrir estas cinco puertas. Descubrirás que son las compuertas a la creatividad y a la ayuda del otro lado.

Esta es la manera de hacerlo. Permíteme explicártelo de forma genérica, primero, y luego te daré el procedimiento paso a paso.

Irás a tu nivel Alfa relajado como hiciste en tus recientes ejercicios matutinos, solo que esta vez, cuando digas 5, verás una puerta con un gran número 5 en ella y la abrirás mentalmente. Cuando cuentes 4, verás otra puerta con el número 4 y volverás a abrirla. Continúa la cuenta atrás hasta que hayas visto cinco puertas y las hayas abierto.

Todas dan a un gran jardín. Todavía no hay nada en él. Un gran cartel identifica esta parcela de jardín como «MI CREATIVIDAD PERSONAL».

Imagínate mentalmente entrando en la parcela con semillas en la mano.

¿Qué semillas quieres plantar? ¿Qué quieres crear? ¿Una familia más grande? ¿Un negocio próspero? ¿Un nuevo producto? ¿Una casa más grande?

De pie en el centro del jardín, esparce las semillas a tu alrededor y luego hazte a un lado para observar.

Observa cómo lo que has plantado empieza a emerger de la tierra. Si era una casa más grande, aquí viene: techo, paredes, cimientos. Si se trataba de una familia más grande, aquí vienen: hermosos niños.

Ahora realiza cinco afirmaciones sobre lo que has creado:

1. Lo que creo es necesario.
2. Creo en la cantidad necesaria.
3. Estoy dotado de creatividad.
4. Sé cómo crear.
5. Lo que creo tiene un valor universal.

Terminarás la sesión contando del 1 al 5, sintiéndote bien y sabiendo que las compuertas están abiertas y que la creatividad fluirá.

Una persona con baja autoestima querrá reforzar estos ejercicios de vez en cuando.

Puede parecer un procedimiento largo para repasar de memoria, pero se reduce a ir a tu nivel, que ya sabes hacer y, simplemente, añadir puertas a los números. Luego siembras las semillas de lo que quieres cultivar y haces las cinco afirmaciones antes de salir.

Las cinco afirmaciones requieren cierta memorización, pero puedes facilitar el trabajo convirtiéndolas en un acrónimo conveniente, como NCCCV: N, necesario; C, cantidad; C, creatividad; C, cómo; y V, valor.

He aquí de nuevo los pasos con más detalle.

1. Siéntate en una silla cómoda, cierra los ojos, dirígelos ligeramente hacia arriba, respira profundamente y, al exhalar, relaja el cuerpo por completo.
2. Cuenta hacia atrás lentamente del 5 al 1, viendo cada número en una puerta y abriendo la puerta antes de proceder al siguiente número.
3. Imagínate atravesando una puerta abierta hacia un gran jardín. Recuerda que es el jardín de «MI CREATIVIDAD PERSONAL».

4. Decide qué quieres crear en tu vida. Camina hasta el centro del jardín y esparce las semillas para esta creación.
5. Observa cómo crece en el jardín lo que quieres crear.
6. Haz las cinco afirmaciones: necesario, cantidad, creatividad, cómo y valor (NCCCV).
7. Termina la sesión contando del 1 al 5, sintiéndote despierto, incluso mejor que antes.

Ahora es un buen momento para hacer este ejercicio. Lee las instrucciones y memoriza las cinco afirmaciones. Deja el libro y abre las puertas.

Programación

Tú quieres tener éxito a la hora de obtener ayuda del otro lado. Yo también quiero que tengas éxito. Incluso el otro lado quiere ese mismo éxito porque el otro lado te necesita como co-creador.

Sin embargo, uno de nosotros tiene «y si…» y «peros» que pueden interferir con esa ayuda. Te aseguro que no soy yo, y difícilmente puede ser el otro lado. Sí…, aunque estés entusiasmado, es posible que tengas escollos que entorpezcan tus líneas de comunicación con el otro lado.

Te diré cuáles pueden ser esos impedimentos, y la metodología que ya has utilizado para que ahora puedas centrarte en ellos. Entonces podrás decidir si necesitas hacer algo de este trabajo ahora o si ya te encuentras en el estado ideal para obtener los mejores resultados a la hora de conseguir ayuda del otro lado.

Ya te he explicado cómo eliminar algunos de estos obstáculos en este capítulo, con la programación correctiva. Con la programación correctiva puedes manejar:

1. La programación negativa en la conversación.
2. La negatividad en los pensamientos.
3. Actitudes, sentimientos o comportamientos destructivos.
4. Falta de voluntad para hacer lo que hay que hacer.
5. Opinión limitada respecto a la propia capacidad creativa.
6. Relaciones con otras personas.
7. Relaciones con uno mismo.
8. Relaciones con el otro lado.

Estos tres últimos puntos —relaciones— deben examinarse detenidamente y, si es necesario, corregirlos. Hay que programar esa corrección en el nivel Alfa. Veamos ahora cada una de estas áreas. No lo hacemos como sustituto de tu propio autoexamen, sino más bien para desencadenarlo.

Primero, tus relaciones con otras personas.

En muchos países de Asia, una persona saluda a otra juntando las palmas de las manos en forma de oración e inclinándose. El significado de este gesto es: «La divinidad que hay en mí reconoce la divinidad que hay en ti». Es como si los cerebros derechos se abrazaran.

Compáralo con algunas de las formas en que saludamos a los demás:

«¿Cómo estás?». (Traducción: «No podría importarme menos»).

«¿Cómo te va?». (Traducción: «Tengo mis propios problemas»).

«Bonito día». (Traducción: «Sigue tu camino»).

En este mundo material, tendemos a despreciar a los demás como medio para elevarnos a nosotros mismos. Pero funciona al revés: si menosprecias a alguien, te menosprecias a ti mismo, porque estás conectado a esa persona. Si la elevas, te elevas a ti mismo. No seas de los que dicen: «Amo a la humanidad, es a la gente a la que odio». Resuélvete a ser paciente y comprensivo. Ignora las diferencias: busca puntos en común. Sugerencia: pasa al nivel Alfa e imagina que ves el reflejo en un lago tranquilo. Afirma «te quiero». Si en tu vida hay ciertos individuos por los que necesitas corregir tus sentimientos, repite el ejercicio del perdón, dirigiéndote a esos individuos concretos a los que aún te resulta difícil amar. A nivel Alfa, invita a estos individuos a tu lugar de paz y visualiza el perdón mutuo.

Ahora concentrémonos en tu relación contigo mismo. ¿Eres merecedor de la ayuda del otro lado? Por supuesto que sí. Tú eres la esencia de la creación. Si te consideras indigno, probablemente has sido programado de esa manera por otros.

Algunas fuentes de programación del pasado para la indignidad son:

- Notas malas en la escuela
- Rechazo del sexo opuesto
- Precariedad financiera

- Rechazo de los compañeros
- Bajo salario
- Rechazo de tus jefes
- Educación inadecuada
- Escasa habilidad atlética

Sugerencia: pasa al nivel Alfa e invítate a tu lugar de paz y perdónate a ti mismo.

Por último, veamos tu relación con el otro lado. Un sentimiento de separación del otro lado suele estar estrechamente relacionado con tu relación contigo mismo. Un sentimiento de indignidad en asuntos terrenales puede llevar a un sentimiento de no ser digno de ayuda de las llamadas fuentes celestiales.

A medida que mejores tus sentimientos de autoestima y autoaceptación en las formas que acabamos de sugerir, te sentirás menos separado del otro lado. Habrás disuelto la culpa, la preocupación y otras formas de minusvaloración, y tu relación mejorará. Pero hay otros pasos positivos que puedes dar para afianzarla.

A. Repite el ejercicio de seis pasos del final del capítulo 2, consistente en saludar a tu Yo Superior. Ve al nivel Alfa y visualízate esperándote en tu lugar de paz. Estás radiante de vida. Saluda amorosamente a tu Yo Superior.

B. Repite el ejercicio que hiciste antes, en el que viste tu casa y la rodeaste de una luz blanca.

C. Ve a tu nivel Alfa, profundizándolo con una cuenta atrás del 10 al 1. Sé consciente del otro lado. Envía tu amor. Finaliza la sesión de la manera habitual.

Siente cómo ese amor vuelve del otro lado.

Capítulo 8
Cómo obtener ayuda resolviendo los problemas de los demás

El otro lado te ama. Te ama tanto que ha respetado tu deseo de «ir por libre». Ahora te da la bienvenida. Tú y el otro lado estabais destinados a formar un equipo. Esa intención se ha hecho realidad, pero eso no significa que tus problemas se hayan resuelto. Significa, sin embargo, que ahora todos los problemas que surjan en tu vida pueden resolverse, rápida y fácilmente. Tú y la otra parte formáis un equipo imbatible.

Los problemas más comunes que surgen en la vida de cualquier persona son los problemas con las personas. Si no se resuelven, estos problemas pueden conducir a problemas de salud, problemas de dinero y otros problemas más complicados y difíciles.

Este capítulo te explica cómo poner a trabajar a tu equipo para resolver los problemas comunes de las personas. El siguiente capítulo trata de la salud, el siguiente del dinero y el siguiente de problemas complicados y difíciles.

Hasta ahora, se te ha indicado que leas secuencialmente, ya que cada parte dependía de la anterior. Ahora puedes elegir.

Si tus problemas más acuciantes son de salud, sáltate este capítulo y ve directamente al capítulo 9. Puedes volver a este capítulo más adelante. O puedes pasar al capítulo 10, sobre problemas de dinero, o al capítulo 11, sobre otros problemas difíciles.

Te recomiendo que, con el tiempo, leas todos los capítulos que te saltes para que sepas cómo obtener ayuda del otro lado para cada tipo de problema que pueda surgir.

En este capítulo trataremos con otras personas de formas que nunca antes habíamos hecho. En este mundo material existen separaciones en el tiempo y en el espacio. Hasta ahora hemos tenido que respetar estas separaciones. Hemos tenido que tratar con las personas como si fueran sus cuerpos. Los cuerpos están separados unos de otros. Pero las personas no son sus cuerpos. Las personas son sus mentes. Y las mentes no están separadas. Hay un lugar donde las mentes se unen. Ese lugar es el otro lado, y la parte de la mente que se une allí se llama el Yo Superior.

¿Alguna vez te han enseñado esto en la escuela? Puede que los profesores que han seguido la formación del Método Silva —y hay miles—no puedan introducirlo en el plan de estudios, pero pueden utilizarlo ellos mismos. Una de las aplicaciones más populares entre los profesores del Método Silva es para mejorar la disciplina en el aula.

Grace H. impartía clases en un instituto. Sus estudiantes estaban en una edad en la que empezaban a sentir la llegada de la edad adulta, pero no estaban preparados para manejarla. Resultado: comportamiento hiperactivo, desorganizado e incontrolable. Grace era una buena profesora, pero su experiencia se estaba yendo por el desagüe. Hizo el Método Silva para aprender a sobrellevar el estrés, pero el resultado fue una bonificación salarial.

Una noche fue a su nivel Alfa y se imaginó a su clase con cariño. Les habló de cómo la enseñanza que ella les impartía y el aprendizaje que ellos hacían podían mejorar para que ambos se beneficiaran. Al día siguiente, el comportamiento de la clase mejoró notablemente. Lo hizo todas las noches. La mejora continuó. Ahora tenía la clase con mejor comportamiento del colegio. Pronto, otros profesores le preguntaron por su secreto. Y ella estaba encantada de compartirlo con ellos: su respuesta era la comunicación subjetiva.

Cómo utilizar la comunicación subjetiva

Ahora me estoy comunicando objetivamente contigo. Mi hemisferio izquierdo se encarga de poner las palabras sobre el papel.

Tu hemisferio izquierdo abre el libro y lee las palabras. Si estuviésemos conversando, también se trataría de la actividad del hemisferio izquierdo del cerebro.

También podría comunicarme contigo subjetivamente. Podría utilizar mi hemisferio derecho. Podría relajarme e imaginar que te veo. Si mantuviera una conversación imaginaria contigo de forma cariñosa en la que te sugiriera una solución a algún problema mutuo, el mensaje te llegaría, pero seguiría un camino distinto. Las formas objetivas de comunicación que utilizamos a diario siguen vías físicas, a través de los sentidos conscientes.

Los métodos subjetivos de comunicación que estamos aprendiendo a utilizar siguen vías no físicas y trascienden la mente consciente. La comunicación subjetiva viaja al otro lado. De hecho, en el otro lado no tiene distancia que recorrer. Su reino está donde no hay espacio y donde todos estamos unidos. El camino que recorre es más o menos el siguiente: de la mente consciente del emisor a la mente superconsciente del emisor a la mente superconsciente del receptor a la mente consciente del receptor.

Veamos estas vías con más detalle:

- *Mente consciente del emisor.* Piensa en el problema y se da cuenta de que los medios objetivos no funcionan, así que decide utilizar medios subjetivos.
- *A la mente seperconsciente del emisor.* Te relajas, respiras hondo, diriges los ojos ligeramente hacia arriba y cuentas hacia atrás del 5 al 1. Tu cerebro derecho está activado: es el acceso a tu mente superconsciente.
- *A la mente superconsciente del receptor.* Imagínate al receptor. Inmediatamente, tus neuronas cerebrales están en contacto con las neuronas cerebrales del receptor, también a nivel del cerebro derecho. Tu superconsciente y el superconsciente del receptor están conectados y forman parte de la unidad del otro lado. Mientras tu comunicación sea amorosa y plantee soluciones y ventajas mutuas, mantienes esa conexión y el mensaje llega.
- *A la mente consciente del receptor.* El receptor recibe el mensaje como si hubiese tenido una idea. Llega a la conciencia como cualquier otra idea autogenerada. Él o ella está más cerca de cerrar un acuerdo contigo.

Esto puede funcionar con más de una persona. Si son dos, se unen como una sola en el nivel superconsciente. Lo mismo ocurre con tres, cuatro, cinco o incluso cien personas. Siempre que puedas imaginarte a una persona, podrás llegar a ella subjetivamente.

Grace H. podía imaginarse a sus alumnos.

Si tuvieras que imaginarte al personal de tu oficina, podrías hacerlo, o a la familia de tu vecino, o a tu equipo de fútbol, o a los miembros de tu club. Utilizando la comunicación subjetiva, puedes ponerte en contacto con los demás para lograr algún objetivo mutuo, como hizo Grace H. con su clase.

Puedes llegar al inconsciente colectivo de Jung, o al campo morfogenético de Sheldrake, o al cerebro global de Russell, o al otro lado, o a lo que yo llamo Inteligencia Superior. Lo llames como lo llames, puedes utilizarlo.

Eres parte de él, es parte de ti.

Estos son los pasos:

1. Siéntate en una silla cómoda, cierra los ojos y dirígelos ligeramente hacia arriba, respira profundamente y, al exhalar, relaja el cuerpo por completo.
2. Visualiza el grupo con el que deseas comunicarte.
3. Salúdalos con cariño.
4. Háblales mentalmente de la situación que deseas resolver. Proponles una solución que sea tan ventajosa para ellos como para ti.
5. Termina la sesión de la forma habitual, contando del 1 al 5, sintiéndote bien y despierto.

Cómo utilizar la comunicación subjetiva para resolver problemas mundiales

En el momento de escribir estas líneas, se está pidiendo a los graduados del Método Silva, a través de un boletín, que vayan a su nivel Alfa cada noche y se programen para lo siguiente:

- Más y más doctores trabajando codo con codo con sanadores espirituales.
- Más escuelas usando el Método Silva como parte regular del programa educativo.
- Paz duradera en Centroamérica.
- Mucha comida para la gente hambrienta del mundo.

Esto es solo una muestra de los problemas mundiales en los que se anima a trabajar a los graduados del Método Silva. Hace tiempo que muchos de estos problemas han disminuido en gravedad o desaparecido por completo.

Esto no quiere decir que unos pocos puedan siempre afectar a muchos. Solo cuando la balanza está equilibrada pueden unos pocos marcar una diferencia crucial. Pero, aun así, unos pocos siempre pueden contribuir a la solución de muchos, acelerando el momento en que llegue esa solución.

¿Cómo se programa para que unos médicos que no se conocen y, por tanto, no pueden visualizar, hagan algo como trabajar más estrechamente con los sanadores espirituales?

La comunicación subjetiva es una forma de hacerlo. Puedes ordenar a tus neuronas cerebrales que busquen al médico de una parte de los Estados Unidos o incluso de todo el país. Sus neuronas cerebrales saben quiénes son los médicos y pueden comunicarse con ellos al nivel de la Inteligencia Superior o del otro lado.

¿Quieres convencer a tu comunidad de que la implantación de cierta planta química podría ser peligrosa para tu localidad? Sigue utilizando las reuniones y la prensa —la palabra hablada y escrita de la comunicación objetiva—, pero añade la ayuda de la otra. Utiliza la comunicación subjetiva. La Inteligencia Superior intervendrá en el proyecto. Si el proyecto puede encontrar otro lugar menos poblado, la solución no tardará en llegar.

¿Cómo te imaginas mentalmente en tu nivel Alfa a todas las personas de tu comunidad? Imagina que se han reunido en el polideportivo de tu pueblo. O examina un callejero y, luego, cuando estés en el nivel Alfa, imagina una calle llena de gente. O deja que algunos de tus vecinos, a los que puedes visualizar, «representen» a toda la comunidad.

Estos enfoques te permiten comunicar subjetivamente tu mensaje en situaciones como:

1. Obtener más votos en unas elecciones.
2. Aumentar las ventas de un producto o servicio.
3. Enfriar una polémica que se ha ido calentando.
4. Conseguir apoyo para una campaña benéfica.
5. Facilitar la firma de una petición.

También es útil recordar los problemas mundiales, como aquellos en los que se pide ayuda a los graduados y con los que practicaste en el último grupo de cinco ejercicios del mediodía. Por desgracia, debido a la excentricidad del pensamiento humano, nuestro planeta está lleno de problemas de este tipo. Siempre encontrarás problemas para ayudar relacionados con la pobreza, la enfermedad, el hambre y la guerra.

Recuerda las dos reglas: comunícate con amor y no estés a favor de quien tiene razón, sino de lo que es correcto.

Cómo utilizar la comunicación subjetiva de forma individual

La resolución de problemas debe empezar por nuestras relaciones personales. Los problemas personales que implican a otras personas pueden incluir aquellos con:

- Tu cónyuge
- Tus compañeros de trabajo
- Tus hijos
- Tus vecinos
- Tus padres
- Tus familiares
- Tu familia política
- Tus amigos
- Tu jefe

La comunicación subjetiva individual es especialmente eficaz porque en lugar de utilizar el efecto escopeta de «rociar» el mensaje, utiliza un objetivo enfocado. La comunicación individual no solo te ofrece todas las ventajas de la comunicación objetiva al «redactar» mentalmente tu conversación, sino que también te abre a otros tipos de programación, que trataré más adelante en este capítulo.

Ya has practicado la comunicación subjetiva en los ejercicios de las noches 16 y 17. Quizá quieras repasar las instrucciones para la comunicación subjetiva. Es posible que desees revisar las instrucciones para esas noches y recordar los acontecimientos inmediatamente posteriores a tus cinco experiencias con ella.

Si no obtienes resultados inmediatos, dale más tiempo a la situación. Si sigues sin obtener resultados, repite nuestra comunicación subjetiva asegurándote de seguir las dos reglas: comunicar con amor y favorecer lo que es correcto. Si sigue sin haber resultados, comprueba si hay uno o más de los siguientes bloqueos:

1. No estás lo suficientemente relajado.
2. No te estás imaginando a la persona.
3. No esperas resultados.
4. No amas realmente a esa persona.
5. Tu propuesta no es beneficiosa para ambas partes y supone un problema para esa persona.

He aquí los antídotos para estos bloqueos:

1. Utilizar una o varias técnicas de profundización, como contar hacia atrás del 25 hasta el 1. Utilizar la relajación progresiva para relajar cada parte de nuestro cuerpo, y/o visualizar tu lugar favorito de relajación durante unos instantes.
2. A menudo nos cuesta imaginarnos a alguien cuyo rostro vemos a menudo, porque lo damos por sentado. La próxima vez que veas a esa persona, observa atentamente sus rasgos, su pelo, sus contornos y el color de su piel para que te resulte más fácil recordar los detalles. O estudia una fotografía de la persona.
3. El escepticismo siempre funciona. Es una luz roja; le dice a tu cerebro que ignore lo que estás haciendo porque es inútil. Tu conciencia te obedece. La expectación siempre funciona. Le da luz verde a tu cerebro. Piensa en lo que te está perjudicando el escepticismo mientras otros triunfan y tú te quedas atrás.
4. Si ha habido rencores entre esa persona y tú, es difícil obedecer la primera regla, es decir, sentir amor por ella. Para pasar de la hostilidad al amor, debes hacer escala en otra etapa: el perdón. Ve a tu nivel Alfa e invita a esta persona a tu lugar de paz; perdona a esta persona y pide que te perdone.

5. No hay duda de que el cambio que buscas es ventajoso para ti, pero, ¿lo es también para la otra persona? Si no es así, le estás causando un problema a esa persona y no funcionará. Revisa tu propuesta y modifícala si es necesario para que refleje mejor lo que os conviene a los dos.

Separación en este lado

La comunicación subjetiva funciona. Nunca te da «número equivocado». Las diferencias se resuelven. Las relaciones mejoran.

Sam T. la utilizó con su caballo revoltoso. Funcionó. Los nativos americanos la utilizan con caballos salvajes, y son capaces de montarlos y cabalgarlos sin los corcoveos que experimentan nuestros vaqueros de pensamiento menos centrado: funciona.

Morton M. utilizó la comunicación subjetiva con su socio. Apeló a su socio para que prestara más atención al negocio con el fin de ganar más dinero y permitir que ambos tuvieran más tiempo libre. Y funcionó.

La comunicación subjetiva es eficaz. Funciona para hacer de este un mundo mejor. Y si funciona para ti, también puede funcionar para las naciones. ¿Te imaginas cómo la utilizarían los diplomáticos para llegar a un entendimiento, los funcionarios para conseguir la liberación de rehenes o los comunicados para evitar la guerra?

Esas son las buenas noticias. Ahora, las malas. La unidad es un hecho en el otro lado. La separación es un hecho en este lado. Cuanto más débil sea el sentimiento de separación en este lado, mejor. Cuando sientes unidad, empiezas desde un lugar más avanzado. Tienes más éxito. En otras palabras, necesitamos pensar y comportarnos tan espiritualmente como sea posible en esta existencia física. Tenemos que intentar vivir la unidad a pesar de la tendencia a separarnos, a ser polos opuestos. Tenemos que hacer lo correcto, lo mejor que podamos. Tenemos que ser más plenamente humanos.

¿Qué queremos decir cuando hablamos de ser más plenamente humanos? ¿Nos referimos a la moralidad y a las normas éticas establecidas por el gobierno y la religión, los políticos y los predicadores? Las normas han ido cambiando a lo largo de los tiempos. El Antiguo Testamento nos dice que la ley exige ojo por ojo, diente por diente. El Nuevo Testamento dice que esto ya no se aplica, sino que debemos responder al mal con bondad, con unidad.

En los tiempos modernos, los órganos legislativos aprueban leyes que cambian el significado del bien y del mal. Por si fuera poco, el sistema judicial sigue cambiando la interpretación de esas leyes. ¿Cómo podemos distinguir el bien del mal? ¿Debemos confiar en personas que se autoproclaman nuestros líderes morales cuando hemos visto a muchos de nuestros autoproclamados líderes caer en desgracia en los últimos años? ¿En quién podemos confiar?

¿Existe una vara de medir que nos ayude a determinar qué es lo correcto, qué debemos hacer en determinadas circunstancias? Solo hemos encontrado una prueba fiable para guiarnos en la toma de estas decisiones, y es hacernos una pregunta: ¿la solución propuesta ayuda a corregir problemas sin crear otros nuevos? Cuando te enfrentes a una decisión difícil, hazte esa pregunta. Cuando te enfrentes a una decisión que parezca imposible, entra en tu nivel Alfa y úsalo como ayuda. Analiza el problema en Alfa. Al hacerlo, puedes ver la situación desde una perspectiva más elevada; puedes liberarte de tu miedo, tus frustraciones y tu ira.

Ten en cuenta que hay que encontrar la mejor solución para todos los implicados. Entonces toma tu decisión a nivel Alfa con la confianza de que estás haciendo todo lo posible para convertir nuestro planeta en un paraíso. Evita ser parte del problema. En lugar de eso, sé parte de la solución. Sé el bueno.

Meditación pasiva y dinámica

A lo largo de este libro, te he ido dando formas de contactar con el otro lado con fines específicos. También puedes ponerte en contacto con el otro lado solo por el bien de un contacto beneficioso, solo para mantener tu conexión. Todo lo que tienes que hacer es ir a Alfa y simplemente estar allí.

Como hemos dicho previamente, la meditación en Alfa es la mejor manera de establecer contacto con el Ser Superior que es nuestra conexión con el otro lado. Hay dos razones por las que esto sucede: 1) Entrar en Alfa para meditar activa el hemisferio derecho del cerebro, nuestra conexión con nuestro Ser Superior. 2) Entrar en Alfa facilita la comunicación entre el Ser Superior y nuestra mente consciente.

Por lo tanto, meditar en Alfa es beneficioso incluso si solo vamos allí para no hacer nada más que estar allí.

Los que constituyen la mitad del mundo que medita no siempre llegan a Alfa. Utilizan todo tipo de prácticas y trucos para alcanzar un nivel meditativo. Pueden escuchar un sonido, repetir mentalmente un sonido o unas palabras llamadas mantra, quemar incienso o sentarse a los pies de una estatua. Incluso los enfoques de la meditación que hacen hincapié en la relajación física y mental la vinculan a algún acto, como mirar fijamente una vela encendida o concentrarse en un solo pensamiento.

Según mi experiencia, mirar fijamente y concentrarse no contribuyen a la relajación, sino que la perjudican.

Aquellas personas que han encontrado una forma efectiva de meditar han encontrado la forma de llegar a Alfa y permanecer allí un tiempo. Cualquier meditación en Alfa, realizada con regularidad, enriquece la mente, ilumina la conciencia, estimula la creatividad, aumenta el conocimiento de lo que es correcto e integra el yo terrenal con el Yo Superior.

Este libro está repleto de formas de mejorar nuestra vida utilizando el nivel Alfa de una manera específica. Se trata de meditación dinámica. No pretende sustituir a la meditación pasiva, sino sumarse a ella. Si meditas, sigue meditando. Fomenta el crecimiento personal y espiritual.

Luego utiliza el Método Silva de meditación dinámica para resolver problemas, alcanzar metas, mejorar las relaciones humanas, mejorar la salud y disfrutar de la vida abundante.

Si no te has dedicado a la meditación antes de leer este libro y actualmente estás aprendiendo el Método Silva para resolver problemas, alcanzar metas, etc., tal vez quieras ir a Alfa de vez en cuando solo para estar ahí. Puedes usar el Método Silva para ir a Alfa y meditar pasivamente por unos minutos.

Solo por el placer de hacerlo.

Cómo corregir comportamientos no deseados

Puedes utilizar la comunicación subjetiva con buenos resultados siempre que se trate de una situación en la que la comunicación objetiva podría no tener éxito. Por ejemplo, no te interesaría usar la comunicación objetiva cuando una persona no está aprendiendo lo bastante rápido un determinado trabajo.

«¡Espabila!», podrías insistir.
«Lo hago lo mejor que puedo», sería la respuesta.
«¡No es suficiente!».

Esto sí que es un ejercicio inútil. Sustituye la futilidad por la utilidad: programa directamente.
¿Cómo se programa directamente?

1. Ve a tu nivel Alfa.
2. Visualiza a la persona (puedes ser tú mismo u otra persona) con el problema: en este caso, no haciendo bien el trabajo.
3. Mueve la imagen ligeramente hacia la izquierda y visualiza a la persona en el expendedor de café o mascando chicle o realizando alguna otra actividad que haga con frecuencia. Ahora el trabajo está mejorando.
4. Mueve la imagen ligeramente a la izquierda de nuevo y visualiza a la persona trabajando. Ahora es un experto.
5. Finaliza la sesión.

Permíteme que te explique estos pasos. Por favor, lee esta explicación antes de programarte a ti mismo o a otra persona directamente. Cuando entiendes lo que estás haciendo, obtienes el apoyo y el concurso del hemisferio izquierdo del cerebro. Sin esta comprensión, tu cerebro izquierdo, con su exigencia de lógica y razón, puede interferir. El cerebro izquierdo lo hace rebajando tu nivel de expectativas y convicciones.

No tengo que explicarte los pasos 1 y 5, en los que pasas a tu nivel Alfa y, más tarde, finalizas tu sesión. Esto debería ser tan natural como respirar.

Pero los pasos 2, 3 y 4 introducen tres factores nuevos: tres imágenes mentales, mover tu imagen mental hacia la izquierda, y alguna actividad que la persona realice varias veces al día.

Utilizamos tres imágenes porque necesitamos identificar el problema. Esto lo hacemos con la primera imagen, alertando al ordenador mental de la táctica a seguir. También necesitamos introducir un cambio y el factor causante de ese cambio. Esto lo hacemos con la segunda imagen. Vemos que la corrección empieza a tener lugar cuando la persona hace algo. Por último, necesitamos ver la solución, el objetivo que deseamos alcanzar, el comportamiento no deseado corregido.

La razón por la que movemos la imagen ligeramente hacia la izquierda es que la izquierda parece ser el futuro y la derecha el pasado, al menos para la mente subconsciente. Siempre que una persona hace una regresión al pasado en hipnoterapia, tiende a inclinarse hacia la derecha en la silla. Cuando investigué este entrenamiento utilizando a mis hijos como sujetos, ellos también se inclinaban hacia la derecha cuando miraban al pasado. De vez en cuando les hacía avanzar hacia el futuro, y se inclinaban hacia la izquierda. Así que movemos la imagen mental ligeramente hacia la izquierda cuando deseamos lograr un resultado en el futuro inmediato.

En cuanto a lo de beber café, masticar chicle o cualquier otra actividad similar, lo que le estamos exigiendo al ordenador mental es que cree una mejora cada vez que esa actividad en particular tiene lugar. Ir al expendedor de café se convierte en una acción desencadenante. Mascar chicle también puede desencadenar la mejora. Tienes que observar a la persona e identificar un buen desencadenante que puedas utilizar. Estos podrían ser:

- Beber refrescos o café
- Ir al baño
- Encender un cigarrillo
- Peinarse o cepillarse el pelo
- Leer el periódico
- Aplicarse maquillaje

Ahora que entiendes el procedimiento, estás preparado para utilizarlo con éxito. Recuerda que la programación sirve para crear soluciones, no para crear problemas. Por ejemplo, no funcionará en la adicción al tabaco, el alcohol o las drogas. La química involucrada crea problemas. El procedimiento en estos casos es programar para que la persona busque y acepte ayuda profesional.

El mejor momento para programar para otra persona

Puedes programarte para cualquier cosa y es el momento adecuado. Siempre que vas a Alfa para programarte a ti mismo, tu ordenador ha sido preparado para esa programación, y tu cerebro derecho está alertado para conectar tu ordenador al ordenador más grande del otro lado.

Pero no es el caso para la programación de otra persona, que puede estar a distancia e involucrada en cualquier actividad. Recuerda la ruta de la comunicación: de tu mente consciente a tu Yo Superior, de tu Yo superior al Yo Superior de la otra persona y, finalmente, del Yo Superior de esa persona a su mente consciente. Si la otra persona está en una reunión, arreglando su coche o en medio de una discusión, su cerebro derecho no estará lo bastante activo para que tu programación sea un cien por cien eficaz.

Hemos descubierto que el mejor momento para programar a otra persona es por la noche. ¿A qué hora de la noche? Tu cerebro derecho lo sabe, a través del gran ordenador que es el Yo Superior situado en el otro lado. Por lo tanto, deja que tu cerebro derecho decida cuál es el mejor momento.

¿Cómo ayudas a tu cerebro derecho a decidir? Programando para él:

1. Después de acostarte, ve a tu nivel Alfa.
2. Dite mentalmente: «Quiero despertarme a la mejor hora para programar a (nombre de la persona) y me despertaré a esa hora».
3. Duérmete desde el nivel Alfa.
4. La primera vez que te despiertes durante la noche es el momento adecuado. Ve a tu nivel Alfa y realiza el ejercicio de las tres imágenes.
5. De nuevo, vete a dormir desde tu nivel Alfa.

Algunos patrones de comportamiento están tan profundamente arraigados que pueden requerir la repetición del ejercicio por tu parte. Una vez por noche durante varias noches puede ser todo lo necesario.

Pedir permiso antes de ayudar a otra persona

Muchas personas han cuestionado la ética de ayudar a otra persona sin antes pedirle permiso. Dicen que hacer cambios o correcciones en el cuerpo (que trataremos en el próximo capítulo) o en la mente de otra persona es un tipo de intrusión y que en realidad se está privando a esa persona de la oportunidad de aprender a hacer correcciones en su propia vida.

Todas las pruebas recogidas en nuestras décadas de investigación sugieren que nuestro principal propósito en este planeta es ayudar a completar la creación. Si la creación ha de completarse, si nuestro planeta ha de convertirse en un paraíso, depende de nosotros hacerlo. La gente pide ayuda, objetiva y subjetivamente. Nos damos cuenta de su necesidad directa o indirectamente. ¿Decimos entonces «No, ayúdate a ti mismo», y en el proceso invitamos a la misma respuesta cuando pedimos ayuda?

Somos la familia del hombre. Estamos estrechamente unidos. Si pudieras concebir lo unidos que estamos, verías que ayudando a los demás te ayudas a ti mismo. Somos uno.

No podemos hacer daño a nadie ayudándole. Se necesita fuerza física para hacer daño. Mentalmente, usamos la fuerza espiritual, y eso solo puede ayudar. Hemos demostrado científicamente que la energía enfocada subjetivamente es creativa, no destructiva. La fuerza espiritual no hace daño, solo bien.

Y el bien que hace es tanto para el que ayuda como para el que recibe la ayuda. Después de observar a millones de graduados practicar el Método Silva, vemos que las personas que trabajan más en estos casos problemáticos prosperan más.

Si todavía te preocupa, te sugerimos que no programes a una persona cuando esté en tu presencia. Hazlo a distancia. En el próximo capítulo también ordenaremos esa distancia para los problemas de salud, con el fin de mantenernos dentro de las leyes que exigen una licencia para ejercer la medicina. Además, para aliviar tu preocupación, puedes decir mentalmente al comienzo de tu programación en Alfa algo como: «Que se haga lo mejor para todos» o «Que se haga la voluntad de Dios».

Cómo resolver los problemas de la gente usando un vaso de agua

Puedes programar a otras personas. Puedes programar animales. Incluso puedes programar materia inanimada. Las paredes de tu casa están impregnadas de tus vibraciones y de las de los demás miembros de tu familia. Tu campo energético o aura invade tus paredes, muebles y enseres con tus «vibraciones». Si entras en la casa de otra persona, notarás inmediatamente la diferencia. La capacidad de programar todos los niveles de la vida y la materia física pertenece solo a la humanidad en este planeta. Debe estar destinada a que la utilicemos.

Hemos encontrado una manera de utilizar esta capacidad en la materia inanimada para resolver problemas difíciles. La llamamos la Técnica del vaso de agua. En primer lugar, permíteme explicarte cómo se hace, y luego te diré cómo creemos que funciona.

Antes de acostarte por la noche, llena un vaso de agua. Cierra los ojos, dirígelos ligeramente hacia arriba y bebe la mitad del vaso de agua. Mientras bebes el agua, dite mentalmente: «Esto es todo lo que tengo que hacer para resolver el problema que tengo en mente». Pon el vaso en tu mesilla de noche, tápalo, métete en la cama y duérmete. Por la mañana, nada más levantarte, repite este procedimiento y bebe el resto del agua.

No es necesario llegar a nuestro nivel Alfa para usar la Técnica del vaso de agua. Generarás suficiente Alfa mientras bebes el agua con los ojos cerrados y dirigidos ligeramente hacia arriba.

La respuesta puede llegar en un sueño esa misma noche. Si es así, da gracias mientras bebes el resto del agua. O puede que la respuesta te llegue repentinamente al día siguiente, o que conozcas a la persona adecuada.

¿Cómo funciona? Buena pregunta. Los investigadores no están totalmente de acuerdo. Los investigadores orientados a la psicología creen que cuando bebes el agua con los ojos cerrados, la mente entra en un estado de alerta. Tus mecanismos de defensa se ponen más alerta para determinar lo que está ocurriendo, lo que está ingiriendo el cuerpo. Esto abre la mente para una programación eficaz.

Hermes fue un nombre famoso en Grecia y Egipto antiguos. Sus enseñanzas fueron tan celosamente guardadas que el término «herméticamente sellado», que deriva de él, aún se usa. Fue aclamado como un dios por ambas culturas rivales. Una de las enseñanzas de Hermes, relacionada con la consecución de objetivos o soluciones, consistía en sostener un vaso de vino en la mano e imaginar mentalmente el objetivo o la solución en el vino. Entonces, al beber, el vino llevaría ese objetivo o solución a cada célula del cerebro y del cuerpo.

Algunos científicos coinciden con Hermes. El vino se programa para servir de recordatorio al hemisferio derecho del cerebro para que siga buscando la información necesaria a fin de resolver el problema, despierto o dormido.

La difunta Olga Worrell, una sanadora espiritual que donó gran parte de su tiempo en sus últimos años a prestigiosos institutos de investigación, era capaz de ahuecar agua en sus manos y cambiar realmente el perfil espectrográfico de ese agua, lo que significa que afectaba a la estructura molecular del agua.

Si nos paramos a pensarlo, somos tres cuartas partes de agua, un poco más las mujeres y menos los hombres. Por lo tanto, tenemos una estrecha relación con el agua.

Es más fácil demostrar la capacidad psíquica cuando hay agua de por medio. En Estados Unidos hay miles de radiestesistas de éxito, personas que pueden coger una varilla en forma de Y para encontrar agua subterránea, simplemente caminando con el instrumento delante. Saben dónde hay agua por el tacto de la varilla. Cuando me dices cómo funciona esto, me estás explicando, al menos en parte, cómo funciona la Técnica del vaso de agua.

He aquí un par de pistas científicas más. Pon unas gotas de zumo de limón en tu vaso de agua. Sujeta el vaso con las yemas de los dedos de ambas manos, manteniendo los dedos ligeramente separados. (La técnica del vaso de agua funciona aún más eficazmente cuando haces esto).

Cuando pones zumo de limón en el agua, el zumo de limón, que es ácido, convierte el agua en un electrolito. Esto significa que puede conducir mejor la energía, de la misma forma que funcionaban las baterías antiguas. Tus dedos proyectan esa energía psicotrónica, la energía de la conciencia utilizada en la programación. Si sostienes el vaso con una mano, está bien. Pero es mejor hacerlo con dos manos, y cuando separas los dedos, menos energía se cortocircuita de vuelta a los dedos, permitiendo que una mayor parte de ella se proyecte en el agua.

Utiliza la Técnica del vaso de agua solo para un proyecto cada vez. Cuando llegue la respuesta, podrás volver a utilizar la técnica para otro proyecto.

Aunque es de uso general, la Técnica del vaso de agua es especialmente valiosa en las relaciones interpersonales. Una mayor perspicacia te permite tomar las decisiones correctas. Te llevas mejor con los demás.

Tal como se planificó originalmente

Te pido que sigas las instrucciones de este capítulo para mejorar tus relaciones humanas en cada oportunidad que se te presente. No dejes que los problemas se agraven y se compliquen. Resuélvelos cuando aún son pequeños y más fáciles de manejar.

Sé el ser humano más espiritual que puedas ser. Sé un buen tipo. A continuación, utiliza la comunicación subjetiva o la programación directa para corregir situaciones no deseadas. Recuerda la Técnica del vaso de agua.

Si tuviera que reformular la historia bíblica de la creación a fin de que reflejara mi llamamiento a que resuelvas problemas —los problemas de las relaciones humanas tratados en este capítulo, así como los problemas de salud, dinero y los problemas difíciles de la vida tratados en los capítulos siguientes— sonaría así. Lo llamo «Tal como se planificó originalmente»:

Y sucedió que todo lo que fue planificado, fue creado. Pero todo lo que fue creado no fue completado.

El Creador hizo seis partes del trabajo y proporcionó las materias primas que podrían ser moldeadas por seres en evolución que completarían la séptima parte del trabajo a medida que practicaban y perfeccionaban sus propias habilidades creativas.

Y el Creador dijo: «No abandonaré a estos seres en evolución, pero tampoco haré este trabajo por ellos, ya que deben aprender a hacer estas cosas por sí mismos para que puedan ser mis compañeros de ayuda en las edades venideras».

Pero no todo fue bien, pues demasiados de los seres en evolución se apegaron en exceso a lo creado y no desarrollaron la capacidad de seguir perfeccionando la creación y evolucionando de esta manera.

Y el Creador envió instrucciones a los seres que habitaban el mundo y les aconsejó que buscaran los otros dones que les habían sido concedidos, que no se apegaran tanto al mundo físico visible, sino que recordaran también su santidad, lo que significa recordar su conexión espiritual invisible con el Creador espiritual invisible.

«Busca dentro del mundo espiritual», aconsejó el Creador. «Cierra los ojos de vez en cuando para no ser cegado por el atractivo mundo físico visible y, al hacerlo, descubre tu verdadera naturaleza, que es invisible, espiritual y santa, es decir, derivada de y perteneciente a un ser divino».

Y así sucedió que cada vez más seres en evolución empezaron a comprender y a practicar el viaje hacia el interior, hacia el mundo espiritual invisible, donde descubrieron su verdadera naturaleza espiritual, su santidad, sus facultades creadoras.

Y más y más de los seres en evolución están empezando a utilizar sus facultades creativas para ayudar a perfeccionar la creación que el Creador había comenzado para ellos, y así desarrollar sus facultades creativas para que se les pueda dar mayores responsabilidades y, finalmente, convertirse en compañeros de ayuda, en uno con el Creador, como fue planificado originalmente.

Cuando vea que esto comienza a suceder, y solo entonces, el Creador enviará bendiciones al mundo y consagrará las actividades de todos los que lo habitan, como fue planificado originalmente.

Mi amor y admiración van contigo mientras aprendes ahora a sintonizarte a ti mismo y a los demás con la fuente de la salud y la vida.

Capítulo 9
La ayuda del otro lado para los problemas de salud

El otro lado es la fuente de la vida. Este lado es la fuente de la vida disminuida: enfermedad, envejecimiento y muerte. La vida en este mundo físico es, por tanto, mortal. Pero mientras estamos vivos en este mundo físico, hay pasos que podemos dar para evitar y disminuir la enfermedad y prolongar la salud. Este capítulo te explica cómo.

¿Qué hay en este mundo físico que finalmente nos quita la vida? Hay un enemigo entre nosotros. Probablemente causa más enfermedad, sufrimiento y muerte que cualquier otra cosa. Arruina las relaciones, engendra colapsos mentales y emocionales, limita el aprendizaje, sabotea el éxito y causa la mayoría de los problemas de salud. Si intentas luchar contra este enemigo, le das más poder. Pero este enemigo puede ser derrotado —sin esfuerzo— relajándose. El enemigo es el estrés, o más exactamente, la angustia.

Los médicos están descubriendo que el estrés excesivo es la raíz de muchos de nuestros problemas de salud. Es por eso que el Método Silva ha sido diseñado como uno de los más poderosos y efectivos programas de manejo del estrés jamás creado.

Tus primeras cinco mañanas, tardes y noches, te enseñaron a relajarte. Te imaginaste relajando varias partes de tu cuerpo; a través del uso de la imaginación, aliviaste el estrés. Hiciste que tu cuerpo se relajara recordando tu lugar favorito de relajación. Una vez que has hecho algo, tu cerebro recuerda el acontecimiento, así que cuando lo rememoras, el cerebro recrea las condiciones que existían entonces. Si recuerdas un lugar donde te relajaste, volverás a relajarte.

> La respiración profunda te ayuda a relajarte. Respiras profundamente para llenar tu cuerpo de oxígeno y luego te relajas al exhalar. Se podría decir que es como un suspiro de alivio. Cuando estás relajado, puedes afrontar cualquier situación. No tienes que descargar tus frustraciones en tu cuerpo, ni en otras personas, ni en la sociedad.

Quince minutos al día

Damos por sentado que el estrés forma parte de nuestro estilo de vida. Necesitamos tiempo para llegar a nuestro destino y hacer lo que hay que hacer. El tiempo no es elástico; siempre existe la amenaza de no disponer de tiempo suficiente. Deletrea esa amenaza: e-s-t-r-é-s.

Nunca hay suficiente amor en nuestras vidas.

Nunca hay suficiente dinero en nuestras vidas.

Nunca hay suficientes experiencias y comodidades en nuestras vidas. Nos vemos impulsados a buscar más y más.

Estrés. Estrés. El estrés.

El estrés agudo, si es prolongado, hace que descienda el número de glóbulos blancos en la sangre, y el estrés prolongado reduce la capacidad del cuerpo para luchar contra las enfermedades. ¿A qué te expone eso? A cualquier bicho que esté cerca, y hay muchos.

Muchas personas no saben que sufren estrés. La gente puede sufrir agotamiento sin darse cuenta de la cantidad de tensión que hay en sus vidas.

¿Cuáles son algunos de los signos? Hazte algunas preguntas: ¿te aburre tu trabajo? ¿Te falta el entusiasmo que tenías antes? ¿Tus relaciones son fluidas o hay demasiadas fricciones? ¿Te cuesta recordar cosas importantes? ¿Te da pavor involucrarte en algo nuevo?

El estrés nos va devorando poco a poco hasta que un día nos damos cuenta de que ya no nos sentimos tan vivos como antes. No hay por qué sentirse viejo a los 40, 50, 60 o incluso 70 años de edad. Si lo haces, comprueba si no vives demasiado estresado. Luego haz algo al respecto.

Stuart J., director de una escuela de Primaria, creía en el modelo militar para dirigir a su personal docente. Les daba frecuentes charlas motivacionales, emitía instrucciones estridentes y se ponía furioso cuando se producían irregularidades. Con el tiempo empezó a caer enfermo cada vez con más frecuencia y su tensión arterial llegó a dar valores tan peligrosamente altos que tenía que controlarla él mismo varias veces al día.

Aprendió el Método Silva y decidió cambiar de actitud. Hasta entonces, llegaba temprano a la escuela para escribir las instrucciones. Ahora utilizaba ese tiempo para ir a su nivel Alfa en su oficina durante 15 minutos diarios. Su salud mejoró, su presión sanguínea bajó considerablemente y su personal se volvió más cooperativo y receptivo.

Ve a tu nivel Alfa cada día y permanece allí durante 15 minutos, relajándote a una frecuencia cerebral de 10 ciclos por segundo. Este ejercicio te aliviará el estrés y te ayudará a mantenerte sano.

Si llevas una vida demasiado ajetreada para entrar en el nivel Alfa 15 minutos cada día, es más necesario que hagas un hueco para este ejercicio. Lo más probable es que estés bajo más estrés de lo normal y necesites tomarte un tiempo para entrar en Alfa.

Después de todo, cuando el estrés hace mella en tu salud, te verás obligado a encontrar tiempo para ir al hospital. Si tomas decisiones equivocadas debido a la presión a la que estás sometido, si no puedes recordar información vital debido al exceso de estrés, tienes que encontrar tiempo para reconducir esta situación.

Hazlo bien a la primera. Una inversión de 15 minutos al día es un precio muy pequeño por una salud óptima, un funcionamiento mental superior y unas relaciones gratificantes.

Mientras estés en tu nivel Alfa, puedes hacer ejercicios de profundización de cuenta atrás y soñar despierto con escenas tranquilas. Esto aumentará tus beneficios, manteniendo tu relajación en un nivel profundo, es decir, a una frecuencia de ondas cerebrales de 10 ciclos o menos.

No hay ninguna objeción a la utilización de la sesión Alfa para programar la corrección de una situación problemática. Se puede reflexionar sobre la solución correcta a un problema. Pero es mejor reservar la mayor parte de los 15 minutos para estar simplemente pasivo. La meditación pasiva es un aislamiento contra el estrés de la concentración activa. Disfruta de escenas pasivas y tranquilas.

En el estado Alfa, estás más conectado con tu fuente, el lugar donde se originan la energía vital, la energía curativa y la buena salud.

La técnica de los tres dedos para prevenir el estrés

Toda situación estresante conlleva una programación negativa. Quince minutos al día en Alfa es una buena medida de protección general. Pero puede ser fácilmente penetrado por una reprimenda de tu jefe, una pelea con tu cónyuge, una acalorada discusión con un vecino. Tienes que hacer algo en ese mismo momento para evitar el estrés. Desgraciadamente, no puedes decir «perdona», sentarte, cerrar los ojos y relajarte.

Sin embargo, puedes juntar el pulgar y los dos dedos siguientes e intentar resolver el problema. Este simple acto puede hacer que una mayor parte de tu mente trabaje por ti para garantizarte una cabeza fría, pensamientos sobrios y soluciones creativas.

Ya has programado la Técnica de los tres dedos para que trabaje para ti. En ese momento, te programaste para que cada vez que juntaras esos tres dedos (en cualquier mano), tu mente funcione a un nivel más profundo de conciencia. Ese nivel más profundo produce pensamientos sobrios y soluciones creativas, pero no necesariamente la cabeza fría que necesitamos para aislarnos del estrés. Así que ahora necesitas añadir a tu programación de la Técnica de los tres dedos la frase «… y mantengo la calma, la sangre fría y el control».

He aquí cómo hacerlo:

1. Siéntate en una silla cómoda y ve a tu nivel Alfa de la forma habitual.
2. Profundiza tu nivel con una cuenta atrás o disfrutando de tu lugar favorito de relajación, o ambas cosas.
3. Junta el pulgar y los dos primeros dedos de ambas manos y repite mentalmente tres veces: «Cada vez que junto estos tres dedos, mi mente funciona a un nivel más profundo de conciencia y permanezco tranquilo, frío y en control».
4. Termina la sesión de la forma habitual.

Por supuesto, no debes esperar a que se produzca un suceso estresante para hacer esta programación. Hazla ahora. Así estarás preparado para cualquier eventualidad estresante.

Tómate ahora un par de minutos. Deja el libro y hazte con el control de esta herramienta que alargará tu vida.

Utiliza la Técnica de los tres dedos cuando la necesites, pero nunca te saltes esos preciosos 15 minutos diarios en Alfa.

Cómo librarse del dolor de cabeza

Una de las señales de advertencia más suaves de la naturaleza es el dolor de cabeza. Los dolores de cabeza pueden ser severos y causar gran sufrimiento, pero a menudo son fáciles de eliminar si utilizas alguna programación positiva.

Aun así, explicaremos más adelante en este capítulo cómo se puede utilizar el Método Silva para combatir enfermedades relacionadas con el estrés tan graves como la diabetes, las enfermedades cardíacas e incluso el cáncer.

Una importante clínica de biorretroalimentación ha enseñado con éxito a las víctimas de migrañas a disminuir el dolor haciendo que sus manos estén unos grados más calientes. Una forma popular de hacerlo era que los pacientes visualizaran sus manos rojas. Una señal acústica informaba al paciente cada vez que subía la temperatura de sus manos, lo que le permitía aprender a visualizarlas con eficacia. El objetivo era aumentar la circulación en las manos y reducir así la presión sanguínea en la cabeza, que puede ser la principal causa de dolor en esa zona.

Esta técnica parece una forma indirecta de resolver el problema. Es la mente la que causa el problema ¿Por qué no cambiar la mente en lugar de las manos?

Dentro de un momento te explicaré cómo hacerlo. Pero como es posible que no estés cerca de este libro cuando te vuelva a doler la cabeza, me gustaría que leyeras las instrucciones de manera que sepas exactamente qué hacer cuando te duela la cabeza, estés donde estés.

Intenta lo siguiente:

1. Ponte a tu nivel y junta los tres dedos.
2. Dite a ti mismo que cuando abras los ojos a la cuenta de 3, leerás las instrucciones para acabar con los dolores de cabeza, tendrás una concentración perfecta, los ruidos no te molestarán, sino que te ayudarán a relajarte aún más, y recordarás estas instrucciones cada vez que las necesites en el futuro juntando los tres dedos.
3. Cuenta hasta 3, abre los ojos y lee los pasos siguientes. Hazlo ahora.

4. Si tienes dolor de cabeza de tipo tensional, entre en tu nivel Alfa. Dite mentalmente: «Me duele la cabeza, siento dolor de cabeza, no quiero tener dolor de cabeza, no quiero sentir dolor de cabeza. Voy a contar del 1 al 5, y a la cuenta de 5 abriré los ojos, estaré completamente despierto, me sentiré bien y en perfecto estado de salud. Entonces no tendré dolor de cabeza; entonces no sentiré dolor de cabeza».

5. A continuación, cuenta lentamente del 1 al 3 y, a la cuenta de 3, recuérdate mentalmente: «A la cuenta de 5, abriré los ojos, estaré bien despierto, me sentiré bien y gozaré de perfecta salud. No tendré ninguna molestia en la cabeza; no sentiré ninguna molestia en la cabeza». Observa que hemos hecho un cambio a la cuenta de 3, de dolor a molestia; dejamos atrás el dolor.

6. A continuación, procederás a terminar de contar lentamente hasta 5 y, a la cuenta de 5, y con los ojos abiertos, te dirás mentalmente: «Estoy completamente despierto, me siento bien y en perfecto estado de salud. No tengo ninguna molestia en la cabeza; no siento ninguna molestia en la cabeza. Y esto es así».

Y el dolor de cabeza desaparecerá al instante. Recuerda: es la mente la que gobierna el cuerpo.

Siempre que tengas problemas de salud, utiliza el Método Silva bajo la supervisión de un médico. Tu médico es tu medio de apoyo visible, pero gracias al nivel Alfa y a la activación del cerebro derecho, ambos tenéis un medio de apoyo invisible: la fuente de toda curación.

Cómo librarse de la fatiga

El cuerpo es un enorme depósito de energía. Pero el flujo de energía de ese depósito puede verse interferido por el estrés. Pequeños acontecimientos en casa, fuera o en el trabajo pueden ser estresantes, interferir con el flujo de energía y causar fatiga.

Cometemos un error y nos sentimos culpables. La culpa merma nuestro flujo de energía. Perdemos algo —un objeto, una venta, un amigo— y nos sentimos disminuidos. Consultamos el reloj y vemos que se nos echa el tiempo encima para terminar una tarea. Nos ponemos tensos. Alguien dice algo negativo sobre nosotros. Nos ponemos nerviosos. Todos estos son ejemplos de situaciones ligeramente estresantes que, sumadas, pueden producir una carga alta de estrés y una gran pérdida de energía.

Esto es lo que tienes que hacer siempre que te sientas cansado y somnoliento y no quieras sentirte así, porque estás conduciendo o porque aún estás en el trabajo. (Por supuesto, si estás conduciendo un coche, lo primero que debes hacer es apartarte a un lado de la carretera y apagar el motor).

1. Ve a tu nivel Alfa.
2. Dite a ti mismo: «Estoy cansado y tengo sueño. No quiero estar cansado y somnoliento. Quiero estar bien despierto, sintiéndome bien, pletórico de energía y en perfecto estado de salud. Voy a contar del 1 al 5. A la cuenta de 5, abriré los ojos y estaré pletórico de energía, completamente despierto, sintiéndome bien y en perfecto estado de salud».
3. Cuenta mentalmente despacio del 1 al 3. A la cuenta de 3, recuérdate mentalmente: «A la cuenta de 5, abriré los ojos y estaré pletórico de energía, completamente despierto, sintiéndome bien y en perfecto estado de salud».
4. Cuenta mentalmente despacio… 4, 5, abre los ojos y repite: «Estoy pletórico de energía, completamente despierto, sintiéndome bien y en perfecto estado de salud».

Siéntelo: ¡estarás «ansioso» por empezar!

Hay otros «bajones» no deseados que puedes convertir en «subidones» utilizando este mismo método.

Puedes convertir la desgana matutina en impulso matutino.

Puedes convertir el pesimismo en optimismo.

Puedes convertir la ansiedad en confianza.

Puedes convertir la desesperanza en esperanza.

¿Por qué dejar que estas tensiones minen tu energía y, con el tiempo, tu propia vida? Ve a tu nivel Alfa y ábrete a la fuente de toda energía vital: el otro lado.

Golpearse para salir de un bajón

Hay una forma rápida de salir del breve bajón físico que a menudo se debe a la falta de energía. Todos tenemos una glándula que controla otras glándulas y sistemas: el timo. Hemos descubierto que estimulando suavemente la glándula del timo, podemos sentirnos mejor.

Quizás tengas una ligera sensación de mareo o malestar, o quizás algún otro síntoma físico no deseado empiece a restarte bienestar y no sepas qué hacer en el momento para ayudarte.

Golpear suavemente la glándula del timo con frecuencia hace que el cuerpo se normalice. Tu confianza en este cambio a mejor puede catalizar una mejora aún más segura y rápida.

El timo se encuentra debajo de la parte delantera del cuello. Utiliza tu dedo índice para seguir el tejido blando de tu cuello hasta donde comienza el hueso duro del pecho; una pulgada más abajo está el timo.

Basta con golpearlo con el dedo corazón. Pero te sugiero que utilices algunos principios del Método Silva para mejorar el resultado:

1. Golpea el timo con los tres dedos, los que utilizas para la Técnica de los tres dedos.
2. Golpea a 10 golpes por segundo, el ritmo Alfa.
3. Sonríe cuando lo hagas.

Cuando golpeas con los tres dedos juntos, una mayor parte de tu mente participa en la corrección. Ya te has programado para ello practicando la Técnica de los tres dedos.

Cuando das 10 golpecitos por segundo, atraes ondas cerebrales Alfa a la zona. Diez ciclos por segundo parece ser una frecuencia universal que produce salud. Se ha comprobado que los sanadores espirituales operan a una frecuencia cerebral de 10 ciclos. (Para golpear el timo a esta velocidad, hay que practicar haciendo vibrar la mano).

Sonreír es como la cola que mueve al perro. Durante años he defendido este medio de realizar cambios positivos en el cuerpo. Ahora los psicólogos convienen en que cuando pones una sonrisa en tu cara, las respuestas internas te dan, en efecto, algo por lo que sonreír.

Cómo obtener ayuda del otro lado para tu médico

El resto de este capítulo se dedicará a ayudarte a curarte a ti mismo y a los demás. Sí, todo lo que puedas hacer por ti mismo, puedes hacerlo por otra persona, incluso a distancia. Para que tu cerebro izquierdo comprenda y acepte esta afirmación aparentemente imposible, necesitas recordarte a ti mismo que tienes una superconciencia que se activa yendo al nivel Alfa y que cuando se activa participa en una conciencia universal compartida por todos. Este es un hecho de sabiduría perenne que se encuentra en el chamanismo y que los antropólogos remontan a miles de años atrás. También se encuentra en la tradición hindú, la Cábala y otras grandes religiones del mundo.

Incluso los científicos, que intentan mantenerse lo más alejados posible de los conceptos religiosos en sus investigaciones, se ven ahora obligados a aceptar, a partir de los datos que desarrollan, que existe una base espiritual en el mundo material.

Espero que tú también aceptes esta teoría. No es fácil. Es como si hubiéramos sido hipnotizados por el mundo físico para creer que realmente es como parece ser. Golpea el brazo de la silla en la que estás sentado. Parece sólido, ¿verdad? Sin embargo, está lleno de espacio. Entre el núcleo de un átomo y los electrones que giran a su alrededor hay proporcionalmente tanto espacio como entre nuestro Sol y los planetas que giran a su alrededor. Desde luego, no decimos que nuestro sistema planetario sea sólido.

¿Y ves esa pared verde? No es verde. De hecho, es cualquier cosa menos verde. La vemos verde porque es el único color que no absorbe. Todas las longitudes de onda verdes de la luz se reflejan, así que la pared parece verde.

El mundo físico nos ha hipnotizado haciéndonos creer que es real, cuando en realidad es una ilusión con una realidad diferente detrás. Los físicos estudian esa realidad. Muchos se dan cuenta de que necesitan reexaminar su filosofía para poder manejar los datos que tienen entre manos. Los médicos los siguen de cerca.

El Dr. Larry Dossey, autor de *Espacio, tiempo y medicina*, afirma: «Cualquiera que esté al tanto de las tendencias recientes en medicina se dará cuenta de que los médicos modernos —como los físicos antes que ellos— han empezado a tratar con formas cada vez más finas de energía tanto en el diagnóstico como en el tratamiento de las enfermedades humanas».

En su libro *Medicina vibracional*, el Dr. Richard Gerber explica que «cuando se produce una enfermedad es señal de que estamos constriñendo el flujo natural de conciencia creativa y energías vitales sutiles a través de nuestros complejos multidimensionales cuerpo/mente/espíritu».

Otro libro, en la lista de los más vendidos desde hace meses, también señala la importancia de la energía de la conciencia en la salud. *Amor, medicina milagrosa*, del Dr. Bernie S. Siegel, defiende firmemente la vinculación de la conciencia y la curación. En su introducción, afirma: «Recuerde que el milagro de una generación puede ser el hecho científico de otra… Ocurren por medio de una energía interior disponible para todos nosotros».

Ahora tú tienes el control de esa energía. Puedes utilizarla contigo mismo o con los demás. Es una energía que afecta a tu mundo material. Tanto si la utilizas en ti mismo como en los demás, estás ayudando a los médicos que atienden el caso con energía creativa. Su fuente es la fuente misma de la creación y, por tanto, de la materia. Puede normalizar las anomalías. Puede deshacer los estragos del estrés. Puede curar.

El Método Silva para corregir problemas de salud

En la formación de 32 horas de Control Mental Silva, se dedican las últimas horas a detectar y corregir anomalías físicas. La razón de centrarse en los problemas de salud es que el cuerpo es el lugar más adecuado para usar la mente con el fin de cambiar el mundo físico. Afectamos constantemente a nuestro entorno tanto con medios mentales como físicos. Sin embargo, dado que la prioridad número uno de nuestro cerebro es la supervivencia, los problemas que implican una enfermedad grave son los más fáciles de enfocar para nuestra conciencia. Los problemas de salud son más fáciles, por ejemplo, que localizar un objeto perdido, o identificar al mejor aspirante a un puesto de trabajo, o localizar el defecto mecánico de un coche.

Empezamos con los problemas más fáciles y acumulamos un historial de éxitos para tener un alto nivel de expectativas y convicciones antes de pasar a problemas más difíciles.

Permíteme llevarte a una clase típica del Método Silva en el momento en que la formación se ha completado y los estudiantes han sido divididos en grupos de dos o tres para experimentar sus nuevas capacidades mentales.

Cada estudiante ha traído consigo por lo menos un «caso». Un caso es una persona que el alumno conoce y que está enferma. En una cara de una hoja de papel, el alumno escribe el nombre, la dirección, la edad y el sexo de esa persona. En la otra cara, escribe una breve descripción de la persona, como la que se puede encontrar en un carné de conducir, y de la enfermedad o enfermedades que aquejan a esa persona.

Uno de los alumnos de cada pareja, al que llamaremos psíquico, llega a un nivel Alfa profundo. El otro alumno, al que llamaremos orientólogo, da entonces el nombre, la dirección, la edad y el sexo del caso que ha traído.

El vidente imagina a esa persona y describe sus principales rasgos físicos. El orientólogo suele quedarse con la boca abierta porque la descripción es asombrosamente exacta. A continuación, el vidente escanea a la persona en su imaginación hasta que su atención se centra en alguna parte del cuerpo.

«El problema está en los riñones».
«Exactamente», confirma el orientólogo.

Al cabo de unos instantes, el vidente dice: «Piedras. Veo piedras en uno de los riñones. Un momento. Voy a pulverizarlas». Otra pausa. «Bien, he aplastado las piedras y he visto cómo se disolvían en la orina. Doy por terminada la sesión».

En un momento, el vidente está de nuevo en Beta y los dos discuten animadamente el caso. El orientólogo puede llamar por teléfono a esa persona enferma al día siguiente y oírle decir: «Esta mañana he expulsado ese cálculo biliar».

Esta escena ha ido precedida de una formación muy detallada, formación que suele presentarse en un curso. Pero yo te describiré ese entrenamiento y luego te daré rutas alternativas que puedes tomar para lograr los mismos resultados para ayudar a curarte a ti mismo y a otros.

Cómo dotar al cerebro derecho de «señales»

El cerebro derecho puede activarse, pero no puede funcionar con la misma eficacia que el izquierdo hasta que no se corrija una sutil dificultad. El cerebro izquierdo tiene innumerables puntos de referencia derivados de la experiencia y la educación en este mundo físico. El cerebro derecho, sin embargo, tiene muy pocos puntos de referencia: no tiene señales, ni calles, ni características físicas que pueda identificar y utilizar para encontrar su camino.

El Método Silva dedica más de 10 horas de formación a corregir esta dificultad. Los puntos de referencia en el hemisferio derecho se establecen mediante largos ciclos de condicionamiento en los que el profesor guía al alumno a través de innumerables ejercicios de imaginación. Todos estos métodos toman prestadas nuestras experiencias y las amplían de forma que añaden una nueva dimensión.

Por ejemplo, en un ejercicio el alumno proyecta su inteligencia dentro de una pared de su casa e imagina qué hay dentro de esa pared. ¿Cuánta luz hay? ¿Cuál es la temperatura en comparación con el exterior de la pared?

¿A qué huele? ¿Cuál es la dureza del material de la pared?

La dureza puede determinarse cerrando el puño y golpeando el interior de la pared imaginada para ver qué tipo de sonido produce.

En estos ciclos de condicionamiento se fomenta el uso de las manos porque ayuda a que el hemisferio derecho del cerebro reciba el apoyo del hemisferio izquierdo.

Durante estas 10 horas, se establecen subjetivamente cientos y cientos de puntos de referencia, y la programación ordena específicamente que se almacenen para su uso futuro. Pero conectados a estos hay otros miles de puntos de referencia que el cerebro izquierdo tiene asociados. Se exploran cuatro metales de la misma manera que la pared. Son el plomo, el acero inoxidable, el cobre y el latón. Entendemos los metales lógicamente como relacionados entre sí, siendo cada uno un punto de referencia para los demás. Así, mediante el ejercicio de imaginación con cuatro metales, se establecen puntos de referencia en el hemisferio derecho para todos los metales con los que hemos tenido experiencia en el hemisferio izquierdo.

A medida que el profesor asciende por la escala de la evolución de la materia —desde la materia inanimada (metales) hasta las plantas, los animales y, por último, los seres humanos—, el hemisferio derecho del cerebro recibe todas las ventajas del hemisferio izquierdo y es capaz de funcionar con la misma fiabilidad.

Cómo crear un lugar imaginario

Lo siguiente que hacemos en el entrenamiento del Método Silva es localizar un lugar imaginario donde crear. Una vez más, esto se toma prestado de los procedimientos y las experiencias del hemisferio izquierdo del cerebro.

En el mundo físico, tenemos un lugar para cocinar, que llamamos la cocina, un lugar para dormir, un lugar para ver la televisión. Tenemos un lugar para trabajar, que llamamos oficina, tienda, fábrica o algún nombre similar.

En el Método Silva, creamos un laboratorio imaginario. El profesor ayuda a los alumnos a ir al nivel Alfa más profundo mediante una cuenta atrás adicional. Allí se les pide que creen una habitación, amueblándola en el estilo que quieran con una silla y un escritorio y todo el equipo que uno necesitaría normalmente en un laboratorio, incluyendo archivadores, ordenadores, herramientas y medicamentos.

Se ayuda mentalmente visualizando una «pantalla» en una pared del laboratorio, y finalmente se crean dos consejeros. Como estos consejeros son producto de la inteligencia de cada alumno, se convierten en su vínculo con todo lo que es, no solo en la dimensión física, sino también en la espiritual. Estos consejeros le guían en la resolución de problemas, la toma de decisiones y el desarrollo de ideas creativas. El alumno pide respuestas a sus consejeros y empieza a averiguar las respuestas por sí mismo, y las respuestas llegan donde antes no llegaban. Ha creado consejeros en su lugar de paz. Recuerda recurrir a estos genios cuando necesites ayuda.

Los alumnos funcionan con comodidad y naturalidad en el mundo de la imaginación —la dimensión subjetiva— si fingen que se encuentran en un entorno familiar. El laboratorio proporciona este entorno y los amables consejeros lo refuerzan.

Se trata de un aspecto delicado de la formación. Al fin y al cabo, no es un procedimiento habitual. El profesor debe conocer bien tanto la teoría como la práctica para poder responder a todas las preguntas que inevitablemente surgen en este punto y hacerlo a satisfacción de los alumnos más suspicaces.

En este punto, tú, el lector, te encuentras en desventaja, ya que tus inevitables preguntas pueden no estar adecuadamente cubiertas por el texto. Para obtener los mejores resultados, debes seguir la formación. Pero para obtener mejores resultados en la recepción de ayuda del otro lado, debes tener acceso a un laboratorio, así como a los consejeros.

Por lo tanto, te nombro tu propio profesor. Vuelve a leer la primera parte del capítulo 5, donde se habla de los consejeros y se te dan instrucciones para crearlos en nuestro pacífico lugar. Relee también estas últimas páginas, en las que se describe detalladamente la creación del laboratorio y de los consejeros.

Luego, te animo a que tomes la decisión de guiarte a ti mismo a través de este valioso procedimiento creativo: crear el laboratorio y recrear a tus consejeros en tu laboratorio. Resumiré los pasos a seguir en unos momentos, pero antes permíteme describir de nuevo lo que ocurre en las últimas horas de la formación.

Al «vivir esto» una y otra vez a través de la lectura relajada de la palabra impresa, puedes aprender los procedimientos de programación que te estás perdiendo por no tomar una clase.

Dentro de un seminario del Método Silva

La clase típica del Método Silva se divide en grupos de dos o tres estudiantes. Los alumnos se turnan para presentar un caso y para trabajar en un caso. El que presenta el caso se llama orientólogo. El que va al laboratorio y trabaja en el caso se llama psíquico.

El caso proporcionado por el orientólogo es el nombre, la dirección, la edad y el sexo de alguien que él sabe que está mental o físicamente enfermo. También puede tratarse de una persona que se ha recuperado de una intervención quirúrgica.

El orientólogo pide al psíquico que se dirija al laboratorio, salude a sus consejeros, rece una oración con ellos y, a continuación, avise cuando está listo. Veamos ahora un caso hipotético.

«Bien, estoy lista». La vidente tiene los ojos cerrados y está profundamente relajada, pero es capaz, como todos nosotros, de mantener una conversación a este nivel mental.

A continuación, el orientólogo cuenta lentamente del 10 al 1, explicando: «Esto es para permitir que tu mente se ajuste al nivel en el que serás preciso y correcto en este caso».

«A la cuenta de 3», continúa el orientólogo, «aparecerá en tu pantalla la imagen del cuerpo de John Smith, Main Street, Cincinnati, varón, 38 años». El orientólogo cuenta hasta tres, chasquea los dedos y repite la información.

«La imagen del cuerpo de esta persona está ahora en tu pantalla. Explórala con tu inteligencia de arriba abajo hasta que una o varias zonas llamen tu atención».

La vidente se pone manos a la obra. Ella «ve» a esta persona. No sabe con certeza a quién «ve». Le gustaría describir al hombre que ve, pero cree que solo está adivinando. A todos nos enseñan en la escuela a no adivinar. Así que se calla.

El orientólogo la anima a hablar. «Es una sesión de práctica. La precisión viene con la práctica. Puede que sientas que te lo estás inventando. Esa es la sensación correcta».

La vidente dice en voz baja: «Es alto, quizá 1,80 metros».

Es un buen comienzo. El orientólogo tiene anotada la descripción de John Smith. Se la enseñará más tarde. De nuevo, la vidente guarda silencio. Él continúa animándola.

«Lo estás haciendo bien. Sigue hablando mientras investigas. Cuéntame tus impresiones», le insta.

«Está encorvado. Me llama la atención su espalda. Un momento, voy a comprobar su columna vertebral».

Más silencio. Más ánimos para hablar.

«Sí, tiene un problema en la columna», dice. «Supongo que se llama hernia discal. Voy a arreglarlo».

Ahora el silencio se alivia con movimientos de la mano mientras ella imagina corregir esta anomalía. Poco después dice: «Lo veo perfecto. Doy por terminada la sesión».

«Bien», dice el orientólogo. «Cada vez que entres en la dimensión con el sincero deseo de ayudar a la humanidad, te estarás ayudando a ti misma, y cada vez serás más precisa».

La vidente da las gracias a sus orientadores, reza una oración de despedida y sale. A continuación, ella y el orientólogo discuten el caso animadamente.

Unos días más tarde, el orientólogo puede telefonear a su amigo John Smith en Cincinnati y oírle decir: «¿Recuerdas mi problema de espalda? Pues en los últimos días parece haberse corregido solo».

¿Le cuenta el orientólogo a John lo ocurrido y se lleva el mérito? Ni una palabra, porque...

El mérito es de la otra parte.

Cómo ayudar a sanar

Animamos a nuestros graduados a trabajar en casos de salud antes que en otros problemas humanos, como los relacionados con el dinero y el amor. La razón, como ya hemos dicho antes, es que la supervivencia está en lo más alto de las prioridades del cerebro, que se centra en los problemas físicos que amenazan la vida.

Por eso este capítulo sobre la salud es lo primero: la salud es lo más fácil.

Puedes situarte delante de la pantalla de tu laboratorio y ayudarte a sanar como si fueras otra persona.

Cuando hayas practicado con varias docenas de casos y hayas detectado correctamente los problemas de los pacientes, empezarás a tener más confianza. La confianza conduce a la precisión. Entonces podrás trabajar mejor con problemas humanos más difíciles y estarás seguro de que detectas información precisa en lugar de «inventártela».

Más adelante, podrás pasar a otro tipo de casos en los que intervengan animales, plantas, incluso materia inanimada.

Trabaja siempre con problemas reales, nunca inventados. Las neuronas de tu cerebro saben la diferencia, y no se lo toman a broma.

¿Cómo se corrige un problema real de salud? De la forma que se te ocurra. Puedes aplastar un cálculo biliar con los dedos, coser una herida, borrar manchas en los pulmones. El último paso mental debe ser siempre una imagen de la persona (o de ti mismo) en perfecto estado de salud, sin más indicios del problema.

Lo que estás «viendo» en tu laboratorio no es el cuerpo físico, sino el cuerpo energético de la persona. Los ajustes los estás haciendo en ese cuerpo energético. Puesto que es el molde del cuerpo físico, cuando se corrige el molde, se corrige el cuerpo. Cambia la causa y cambiarás el efecto, a través del otro lado.

Entrénate para ser un sanador

Entrenarse para ser un sanador es la parte de la formación del Control Mental Silva más difícil de autoadministrar. Pero la Historia está llena de biografías de grandes sanadores que se enseñaron a sí mismos. Sanar es una habilidad natural que todos tenemos cuando activamos el pensamiento centrado. Es natural porque somos cocreadores con el Creador y, ¿cómo de buena sería la Creación si pudiéramos estropearla con pensamientos negativos y estresantes, pero no pudiéramos arreglarla de nuevo con pensamientos positivos y creativos?

He aquí el mejor sustituto que puedo ofrecer para el entrenamiento formal: releer la primera parte del capítulo 5, que trata del laboratorio y los consejeros, y releer, también, este capítulo sobre los problemas de salud. De nuevo, esta relectura proporcionará una serie de repeticiones. Las repeticiones en la postura mental relajada que comprende la lectura inician el proceso de programación y te ayudan a entrenarte.

He aquí este entrenamiento. Lo es en términos generales, ya que implica que des pasos amplios. No es una guía paso a paso para el alumno. Es más bien el esquema de la clase de un profesor, ya que ahora tú eres tu propio profesor.

Cuando hayas terminado la relectura, practica los siguientes ejercicios. Tómate tu tiempo con cada uno de ellos y no pases al siguiente hasta que estés seguro de estar preparado para hacerlo:

1. Relájate y haz viajes imaginarios al interior de un cuerpo humano, el cuerpo de alguien cuyo rostro puedas recordar fácilmente. Estudia los huesos, el cerebro, el corazón, el hígado, el páncreas, los riñones y otros órganos vitales. Repítelo varias veces.

2. Relájate y profundiza en la relajación. Puede contar hacia atrás del 10 al 1 o del 25 al 1. Después, repetirás el método que hayas utilizado para profundizar hasta llegar al nivel de laboratorio, porque ahora vas a crear un laboratorio. Empieza por la habitación, decorándola como quieras. Coloca una pantalla mental, donde te examinarás a ti mismo o a otros, en lo que decidas que es la pared sur. Querrás un escritorio y una silla, un reloj, un calendario perpetuo y herramientas y equipos de todo tipo, así como una variedad de productos químicos y medicamentos.

3. Si ya has creado consejeros en tu lugar de paz, como se indica en el capítulo 5, los trasladarás ahora a tu laboratorio. Si no, decide a quiénes quieres como consejeros, un hombre y una mujer, alguien del pasado o del presente a quien respetes o incluso un personaje imaginario. Crea una puerta que se deslice hacia el suelo y que pue-

das controlar desde los botones del reposabrazos de tu silla. Abre la puerta lentamente e invita a entrar al consejero masculino. Créalo. Imagínatelo. Haz lo mismo con tu consejera.

4. Trabaja en casos entrando en tu laboratorio (ver paso 2), saluda a tus consejeros, reza una oración de bienvenida y, a continuación, pon en pantalla a la persona que necesita tu ayuda. Detecta el problema y corrígelo. Da las gracias a tus consejeros, reza una oración de despedida y cuenta hacia arriba, a la inversa de como contaste en el paso 2.

Te doy la bienvenida a tu condición de cocreador. Probablemente el otro lado también lo esté celebrando: un alma más ayudando a hacer de este un mundo mejor en el que vivir.

Capítulo 10
Cómo obtener ayuda del otro lado para tener éxito en los negocios

Despiertos o dormidos, los hombres y mujeres de negocios pueden obtener ayuda del otro lado. Las respuestas llegan. Las soluciones toman forma. Las personas se vuelven más productivas. La producción aumenta. La calidad mejora. Los beneficios aumentan. Despierto, sucede cuando aplicas el Método Silva como lo describiremos en este capítulo. Dormido, ocurre cuando pides un sueño que te ayude a salir de alguna situación no deseada. No importa cuándo ocurra; despierto o dormido, lo sabrás. Te encontrarás diciendo o pensando: «¡Ajá! Los empresarios están dispuestos a utilizar más su mente».

En su estudio sobre el cambio de actitudes, el Instituto de Ciencias Noéticas citó una mayor apertura entre los empresarios, incluso entre los de «mentalidad rígida», sobre el papel de la intuición en la toma de decisiones acertadas.

Como si se hiciera eco de este cambio, el International Management Institute (IMI) patrocinó una Mesa Redonda sobre la Intuición en Ginebra (Suiza) a mediados de 1988. El Dr. Juan F. Rada, director general del IMI, explicó: «Queremos averiguar qué puede ser la intuición, qué significa para los negocios, si se puede potenciar y si puede ayudar a los directivos y a las empresas con vistas al siglo XXI».

A la reunión asistieron ejecutivos de muchas grandes empresas internacionales. También asistió un representante de la organización del Método Silva, el Dr. George De Sau, que pudo compartir su experiencia, especialmente desde el punto de vista de su especialidad: la psicología.

El resultado de esta, la primera de lo que promete ser una serie de Mesas Redondas sobre la Intuición, es un programa de investigación mundial sobre la naturaleza de la intuición y su papel en la toma de decisiones empresariales en el que participarán más de 10 000 empresarios. La investigación, de dos años de duración, cuenta con el apoyo de varias empresas multinacionales y se espera que aproveche los recursos de las neurociencias, la psicología, la medicina, la filosofía y las ciencias sociales.

En la primera mesa redonda, los conferenciantes escucharon a sus miembros relatar un caso tras otro de experiencias «inexplicables». Se trataba de intuiciones súbitas, coincidencias y casualidades. Algunas de las opiniones divergentes rozaban lo espiritual: en un extremo, la intuición se consideraba una habilidad que puede entrenarse y desarrollarse; en el otro, «un estado del ser, un nivel de conciencia».

Un subgrupo que se formó en la reunión de Ginebra se ha autodenominado «Grupo de estudio de incubación empresarial». Este grupo va a estudiar si se pueden incluir «incubadores» en las organizaciones empresariales.

Los incubadores son individuos cuyo trabajo consistirá en animar y apoyar a las personas que utilizan la intuición y el proceso creativo.

Baste decir que las empresas están empezando a comprender que las formas tradicionales de pensar y comunicarse quizá ya no sean suficientes, y que la intuición puede ser la respuesta para mejorar todos los aspectos del lugar de trabajo.

¿Alguna vez has visto una jugada de «balón oculto» en el fútbol americano y cómo engañaban a la defensa? ¿Te han entrado ganas de gritarles: «¡Eh, ese corredor tiene el balón!»? Así se sintió el Dr. George De Sau en la reunión internacional: veía cómo todos salían a buscar la pelota y sabía todo el tiempo dónde estaba. Todos nosotros en Control Mental Silva sentimos esa misma frustración. Pero también confiamos en que el otro lado sabe lo que está haciendo.

Un punto ciego colectivo

A mediados de la década de 1970 se realizó una encuesta sobre la calidad de vida de los estadounidenses. Una pregunta, en efecto, era: «¿Ha tenido alguna vez la sensación de estar muy cerca de una potente fuerza espiritual que parecía sacarle de sí mismo?».

Esta experiencia había ocurrido al menos una vez al 40 % de los encuestados, varias veces al 20 % y a menudo al 5 %.

Cuando se les preguntó más a fondo, estas personas admitieron que casi ninguna habían hablado de su experiencia espiritual con un pastor, rabino o cura. La mayoría pensaba que los clérigos pensarían que estaban «locos». ¿Qué tiene nuestra forma de vida que incluso en los círculos religiosos nos incomoda hablar de un «contacto» espiritual? Parece haber un punto ciego colectivo en el mundo occidental. Se podría aceptar entre los círculos empresariales, incluso psicológicos y médicos, pero, ¿en los círculos religiosos?

Tal vez este punto ciego explique la actual moda de la «canalización», popularizada por Shirley MacLaine. Cada vez más personas descubren que pueden «canalizar» alguna voz del otro lado. Esta voz pretende responder a preguntas mientras el canalizador se encuentra en un estado de trance. Inevitablemente surge una controversia sobre si el canalizador es auténtico o simplemente está actuando.

No puede haber controversia sobre nuestra parte divina. No tienes que defenderla de los incrédulos. Ni siquiera hay que hablar de ello. Se puede eludir el punto ciego colectivo y ser un sabio «de armario» acudiendo regularmente a Alfa.

Una graduada llevaba una vida tan ajetreada tanto en el ámbito doméstico como en el profesional que nunca estaba libre de familiares o socios escépticos. Para ir a Alfa, tenía que encerrarse en el cuarto de baño. Era su única oportunidad de tener un momento de intimidad.

Los cánticos, las tablas *ouija*, la canalización y otros enfoques pueden ir y venir, pero el acceso Alfa al cerebro derecho continuará para siempre. El nivel Alfa es tu contacto fiable con la inteligencia superior para resolver problemas.

Cómo empezó la formación en el Método Silva

Empecé a investigar el Método Silva en 1944. No di la primera clase comercial hasta 1966. Durante este tiempo, había desarrollado un rentable negocio de electrónica basado en gran parte en la industria de la televisión que crecía rápidamente y en la necesidad de adquirir antenas de televisión.

La primera clase del Método Silva surgió indirectamente como resultado de algunas conferencias que di en clases de psicología en el Texas College. Un tal señor Dord Fitz me llamó y me invitó a viajar a Amarillo para hablar a los miembros de la Area Arts Association. Había oído hablar de mis conferencias en el

Texas College y quería que sus estudiantes de arte conocieran la investigación. Se ofreció a pagarme los gastos, pero no los honorarios. Acepté. Fijamos una fecha en octubre de 1966.

Intuí que los artistas, que por naturaleza utilizan el hemisferio derecho más que la mayoría de la gente, serían buenos candidatos para la formación que tenía en mente. Unas noventa personas asistieron a mi conferencia. Casi todos se comprometieron a seguir el curso si yo volvía y a pagar una parte de la matrícula.

El viaje de Laredo a Amarillo dura todo el día, así que lo hice en autobús Greyhound. Hice muchos viajes de este tipo, porque solo presentaba un segmento de la formación total a la vez. Empecé a formar al grupo en Amarillo en octubre y terminé la formación con éxito en enero de 1967.

Después de completar ese primer curso comercial, varios de los graduados se convirtieron en instructores, algunos de los cuales aún nos ayudan activamente a formar grupos en la actualidad.

Tan pronto como terminé de formar a ese primer grupo, se creó otro grupo con amigos y familiares de los miembros del primer grupo. Tanta gente oyó hablar de nuestra formación y estaba interesada en seguirla que empecé a ir a Amarillo dos veces al mes. Después, la gente de Lubbock también quería hacer el curso, así que empecé a ir a Lubbock con regularidad. Estaba ganando dinero.

Pero lo que más me gustaba de dar conferencias no era el dinero. El placer venía de ver cómo se iluminaban las caras de la gente cuando de repente se daban cuenta: «¡Funciona!». Todavía siento una alegría muy especial, difícil de describir para quien no la haya experimentado, cuando veo cómo los participantes en la formación dan a menudo un giro de ciento ochenta grados. Llegan al punto en que saben por sí mismos, a través de su propia experiencia directa, que son capaces de grandes cosas espirituales.

Estos son los hechos. Notarás que no hubo el acostumbrado «plan empresarial». Ningún estudio de *marketing*. Ninguna campaña publicitaria. Ninguno de los pasos habituales tomados por un empresario estrictamente conectado con su cerebro izquierdo. Debo de haber sido clarividente.

Mi experiencia empresarial no es un argumento en contra de los preparativos prudentes en los negocios; es un argumento a favor de la participación del hemisferio derecho del cerebro. Los dos hemisferios son espléndidos compañeros de negocios, y nada de lo expuesto en este capítulo debe tomarse como anti Harvard Business School, por así decirlo. Para sobrevivir en este mundo tan cambiante, los empresarios necesitan añadir el funcionamiento del hemisferio derecho a sus habilidades actuales del hemisferio izquierdo.

Cómo utilizar el Método Silva en la empresa

Un ingeniero químico intenta fabricar un vaso sanguíneo sintético que el cuerpo humano no rechace. Después de meses de ensayo y error, ordena un sueño para resolver el problema. Sueña una fórmula, la escribe y tiene éxito.

Un agente de seguros no consigue que le den una cita para ver a un cliente importante. Utiliza la comunicación subjetiva para convencer tanto al cliente como a su secretaria de que le convendría verle. Llama a la empresa, le dan cita inmediatamente y realiza la venta.

Un directivo de una cadena de operaciones asiste a una reunión de alto nivel de otros directivos de la cadena. Se discute un problema difícil que afecta a todos, una de esas situaciones de «mal si lo haces y mal si no lo haces». El directivo junta los tres dedos y presenta una propuesta, que es aceptada por unanimidad y resulta un éxito.

> El control de los sueños, la comunicación subjetiva y la Técnica de los tres dedos, ¿son las únicas aplicaciones del Método Silva en los negocios? No, todas las técnicas del Método Silva tienen aplicaciones en los negocios.

En este capítulo identificaremos las aplicaciones de negocios para las técnicas ya presentadas, te daremos un breve resumen de estas técnicas, y al mismo tiempo abriremos nuevos caminos para su uso.

¿Qué pasa con la competencia? A menudo me preguntan qué ocurre cuando dos personas programan para lo mismo, como vender productos competidores a una empresa; ¿qué determina quién gana? Si ambos son sinceros y programan con la misma capacidad en cuanto a profundidad de Alfa, imagen mental y expectativas y convicciones, entonces me parece que el que más se lo merezca se llevará el gato al agua. El que más se lo merece es el que tiene el mejor historial de corregir problemas en lugar de causarlos y de ayudar a hacer de este un mundo mejor.

Hacemos méritos ayudando a la gente y ayudando a corregir problemas en este planeta nuestro. Es algo parecido a la gente que se programa para ganar la lotería. Mucha gente promete dar la mitad del dinero a la caridad si gana la lotería. Pero no ven lo que es más importante: lo que han hecho anteriormente con el dinero que ya han recibido.

Las promesas no cuentan tanto como los hechos. «Por sus frutos los conoceréis», dice la Biblia. Se nos juzga por nuestros actos, así que si actúas ahora mismo para hacer todo lo que puedas para ayudar a que nuestro mundo sea mejor, lo más probable es que tengas aún más éxito en el futuro, porque recibirás aún más ayuda del otro lado.

Una historia de éxito del Método Silva

Me gustaría que una graduada del Método Silva contara su propia historia. Ella es Paulette T., de Oklahoma:

«Fui peluquera durante años antes de mi trabajo actual de cobradora en la oficina de negocios del Hospital Saint Anthony.

»La única correlación entre peluquera y cobradora es que ambas tratan con personas. Comparto esto con ustedes porque creo que es relevante para explicar mi historia de éxito.

»Empecé a trabajar en la oficina comercial del hospital en junio de 1980 como empleada de altas. En esa posición, trataba con los pacientes cuando les daban el alta. Cobraba la diferencia entre la factura total y lo que pagaba el seguro, y mucho más.

»A nadie le gusta que le pidan dinero cuando está enfermo o sufriendo, así que ya se pueden hacer una idea de a qué me enfrentaba.

»Después de hacer el curso del Método Silva, empecé a utilizar la técnica del Espejo mental y a imaginarme a cada paciente rodeado de amor. Entonces me vi pidiéndole al paciente que me diera lo que necesitaba para completar el alta.

»La mayoría de los pacientes respondieron con amabilidad y cooperación. Como resultado, mis cobros empezaron a aumentar y conseguí un ascenso.

»En agosto de 1983, llevé todas mis técnicas a un nuevo trabajo, ya que me ascendieron a cobradora. El trabajo de cobradora no solo supuso un aumento de sueldo, sino también una enorme responsabilidad.

»Ahora soy responsable de aproximadamente 100 000 dólares de facturación en mi parte del abecedario, de la A a la F. Esto supone una media de 725 cuentas. Mi trabajo consiste en cobrar el dinero después de que se hayan pagado todos los seguros y otras prestaciones y el paciente haya abandonado el hospital. La mayor parte del cobro se hace por teléfono, y tengo que estar preparada para manejar muchas situaciones diferentes en todo momento.

»Cada vez que cojo el teléfono para llamar a una cuenta, utilizo la técnica del espejo mental. En mi espejo de marco azul, me imagino a mí misma revisando el expediente, viendo el problema o la razón por la que tengo esta cuenta, obteniendo una buena imagen visual de frente.

»A continuación, en mi espejo de marco blanco, me imagino la solución a la izquierda, lo que sea necesario para completar el expediente de este paciente y cobrar el dinero que aún adeuda.

»Mantengo esta solución en mi mente todo el tiempo que estoy al teléfono. Me ayuda a decir las palabras adecuadas al paciente a fin de incentivar su buena disposición al pago y su satisfacción por hacerlo.

»Desde que me convertí en cobradora, hace siete meses (sin experiencia previa), he sido la mejor de la oficina todos los meses. Mi supervisora me llamó a su despacho el otro día y me expresó su alegría por el trabajo que he estado realizando».

Una posdata: Paulette T. recibió otro ascenso poco después de escribir esto. Pregunta: ¿quién fue el responsable del ascenso? ¿Su supervisor o su supervisor?

Cómo cambiar el pensamiento de negativo a positivo

Cuando plantas semillas en la dimensión subjetiva, recoges cosechas en la dimensión objetiva.

Todos sabemos que cuando plantas semillas de zanahoria, cosechas zanahorias; plantas semillas de judías, cosechas judías.

Cuando dedicas tu meditación a cavilar sobre los problemas de tu empresa, ¿qué semillas estás plantando?

Así es. Tu cosecha en el mundo físico serán los mismos problemas sobre los que te relajas y reflexionas. Estás utilizando tu energía creativa para reforzar situaciones no deseadas.

Es fácil para mí decirte que des la vuelta a tu forma de pensar, que reflexiones y medites sobre soluciones. Crearás situaciones ventajosas. Y ¡qué cambio en tu cuenta de resultados!

Pero perdería el tiempo diciéndote que des la vuelta a tu forma de pensar, porque estás programado para pensar como piensas. No puedes darle la vuelta simplemente con desearlo.

Hay que reprogramar.

En el Método Silva tenemos una técnica muy exitosa a la que llamamos el Espejo mental. Esta técnica reduce el método de programación de tres imágenes a dos, pero añade una nueva característica. Se trata de un espejo imaginario. Cuando vas a tu nivel Alfa e imaginas este espejo, puedes hacerlo tan pequeño o tan grande como quieras para que pueda abarcar una o más personas, una escena pequeña o una grande. Este espejo tiene un marco que puede cambiar de color, desde azul oscuro a blanco brillante.

El espejo con marco azul se utiliza para identificar el problema. El espejo con marco blanco se utiliza para ver el problema resuelto o el objetivo alcanzado.

Este es el procedimiento paso a paso:

1. Ve al nivel Alfa de la forma habitual.
2. Imagina que ves el problema en el espejo de marco azul. Estúdialo brevemente.
3. Borra la imagen del problema, mueve el espejo ligeramente a la izquierda y cambia el marco a blanco.
4. Imagina que ves el problema resuelto, o el objetivo alcanzado, en el espejo de marco blanco.
5. Termina la sesión de la forma habitual.
6. Cada vez que pienses en el proyecto a partir de ahora, imagínatelo como la solución enmarcada en blanco.

Permíteme hacer algunos comentarios sobre los pasos 3, 4 y 6. En el paso 3, se te pide que muevas el espejo ligeramente hacia la izquierda. Como se mencionó previamente, hemos encontrado que hay una tendencia natural de los individuos en el nivel Alfa a inclinarse hacia la izquierda.

En el paso 4, se te pide que veas el problema resuelto o el objetivo alcanzado. Esto debe hacerse de la manera más amplia posible. No te interesa programar para que el problema se resuelva de una manera específica; todo lo que quieres es una solución.

Por ejemplo, si fueras agente inmobiliario y el problema fuera vender una casa, no visualizarías al Sr. y la Sra. Jones, que sabes que están buscando casa, caminando hacia la casa, llave en mano. En lugar de ello, sería más representativo de la solución que buscas ver un cartel de VENDIDO con el logo de tu empresa.

Cuando eres específico sobre la forma en que se debe alcanzar el objetivo, le atas las manos a la Inteligencia Superior. Céntrate únicamente en la solución, deja que el otro lado aporte el «camino». Otra razón por la que la imagen de los Jones es desaconsejable es que cualquier programación de una solución a tu problema que cree un problema para otra persona probablemente está condenada al fracaso. La casa puede ser demasiado grande o demasiado pequeña o demasiado cara para los Jones. Con el Método Silva no debemos crear problemas, solo soluciones.

El «deseo suicida» y cómo eliminarlo

El padre de B. J. era un alto funcionario del gobierno de su país. El propio B. J. era un agricultor de gran éxito, pero entonces decidió emigrar a los Estados Unidos. En poco tiempo, se había convertido en un rico empresario, pero dejó que otra persona dirigiera la empresa y esa persona ordeñó los activos del negocio.

B. J. se dedicó entonces al sector inmobiliario. Empezó a vender. En un momento dado, se presentó una venta de esas con las que sueña la mayoría de la gente del sector inmobiliario; significaba más de un millón de dólares en comisiones, pero B. J. se encontró haciendo propuestas que solo podían arruinar la transacción. Fue entonces cuando decidió seguir la formación del Método Silva, porque se dio cuenta de que tenía el equivalente a un «deseo suicida» en los negocios. Estaba acostumbrado a programar para el fracaso.

Mientras estaba en el nivel Alfa, B. J. recordaba a su padre llamándole bueno para nada e insultos similares. Reprogramó su propia autoestima y autovaloración justo a tiempo para salvar la lucrativa venta de la propiedad.

Con frecuencia, las personas creen que no se merecen realmente los frutos del éxito. Inconscientemente, ponen barreras al reconocimiento, el dinero y las demás recompensas que trae consigo el éxito.

Una mala imagen de uno mismo es como una prisión que nos hacemos nosotros mismos; es el hormigón y el mortero de los reproches de los padres, de las bajas notas en la escuela, de los extractos bancarios decepcionantes y de otros factores limitantes del mundo físico.

La mayoría de la gente vive toda su vida en esa prisión restrictiva. Pero entonces alguien sigue la formación del Método Silva y encuentra con que la puerta de la prisión nunca estuvo cerrada y ahora puede salir a un mundo de horizontes de salud, riqueza, amor y alegría.

¿Cómo se usa el Método Silva para eliminar el «deseo suicida» y otras limitaciones de autodesprecio? La respuesta es obviamente sentirte bien contigo mismo, sentirte digno de abundancia y sentir que mereces lo mejor en la vida.

Recuerdo una viñeta que mostraba a un psiquiatra diciéndole a su paciente: «La razón por la que tienes complejo de inferioridad es que eres inferior». Todos tenemos un potencial sin explotar esperando a ser descubierto. El Método Silva ayuda a que aflore. Aquí tienes varios pasos positivos que puedes dar ahora para impulsar ese descubrimiento y, a su vez, acelerar tu éxito empresarial.

1. Vuelve a hacer el ejercicio de autoperdón. Invítate a ti mismo a tu lugar de paz como hiciste antes. Perdónate por todos los errores y carencias aparentes.
2. Realiza tantas actividades de «chico bueno» recomendadas en el capítulo 7 como te sea posible. Cuando ayudas a los demás, te ayudas a ti mismo. Aumentas tu sentimiento de merecimiento.
3. Utiliza el Espejo mental. Visualízate en el marco azul tal como eres ahora, «incapaz de conseguirlo». Borra la imagen. Mueve el espejo ligeramente hacia la izquierda, cambia el marco a blanco y visualízate como un exitoso genio de los negocios. A partir de entonces, siempre

que estés impaciente o preocupado, visualízate a ti mismo como la personificación del éxito, enmarcado en blanco.

4. Ve a tu nivel Alfa a diario y hazte una afirmación positiva, hecha a medida de tu propia situación, o utiliza la del Método Silva, de aplicación universal: «Cada día, estoy mejorando, mejorando y mejorando, en todos los sentidos».

Cómo aplicar la técnica de los tres dedos a los negocios

¿Un nivel de conciencia más profundo es una ventaja en los negocios? Ponle color verde, como el dinero.

¿Estás buscando el origen de una tremenda metedura de pata de calidad? Junta los tres dedos mientras buscas.

¿Estás decidiendo en quién delegar ciertas responsabilidades? Junta los tres dedos mientras lo piensas.

¿Estás corrigiendo un informe en busca de erratas? Mantén los tres dedos juntos mientras revisas el documento.

¿Te has visto envuelto en una emergencia repentina que requiere una acción mental rápida? Junta los tres dedos.

Puedes reforzar la Técnica de los tres dedos en situaciones especiales, cuando las conozcas de antemano. Puedes añadir a la frase «mi mente funciona a un nivel más profundo de conciencia» aplicaciones tan enfocadas como:

«… para decir lo correcto en el momento adecuado en la reunión de personal».

«… para estar muy concentrado al leer este informe y recuerde después cualquier cosa que contenga con la Técnica de los tres dedos».

«… para tomar la decisión correcta al examinar las muestras».

Puedes utilizar la Técnica de los tres dedos para ayudarte a desarrollar tu funcionamiento en Alfa. Por la noche, antes de irte a dormir, prográmate para despertarte automáticamente en el momento ideal para programar. Permanece en tu nivel y duérmete.

Cuando te despiertes durante la noche o por la mañana, entra de nuevo en tu nivel y junta las puntas de los dos primeros dedos y los pulgares de ambas manos. Entonces prográmate para que cada vez que juntes las puntas de los dos primeros dedos y los pulgares de ambas manos tengas un rendimiento Alfa superior y seas consciente de la información de la dimensión subjetiva que te ayudará a corregir problemas.

Cuanto más practiques entrar en el nivel Alfa de esta manera, más eficaz será la sesión y mejor el resultado de tus esfuerzos.

B. S. fue a Atenas, Grecia, por negocios. Como tenía que estar allí más de un mes, dispuso que le prepararan un apartamento amueblado. Cuando vio el apartamento, se llevó una gran decepción: oscuro, pequeño, en una calle ruidosa. Lo rechazó. En el acto, acudió a su nivel Alfa y programó que cada vez que juntara sus tres dedos, «haré lo necesario para encontrar un apartamento aceptable». En veinticuatro horas encontró un apartamento encantador en una calle arbolada y sin salida, ¡propiedad de una licenciada en el Método Silva que había juntado sus tres dedos para encontrar un inquilino adecuado!

¿Coincidencia? ¿O ayuda del otro lado?

Cómo beneficiarse de Alfa de forma natural en el mundo de los negocios

Puedes aprender a funcionar en Alfa prácticamente todo el tiempo y estar seguro de que la mayoría de tus decisiones serán correctas si sigues una fórmula sencilla. Te lo explicaré y te daré la fórmula.

Durante el día, tu cerebro entra en el nivel Alfa una media de treinta veces por minuto. Esto sucede de forma natural y parece que le ocurre a todo el mundo. Pero el tiempo en Alfa es muy corto, solo microsegundos. En total, tu cerebro puede estar en Alfa cinco segundos de cada minuto. Es durante estos lapsos de tiempo cuando la gente puede estar segura de tomar buenas decisiones. Tal vez por eso la persona promedio, que no sabe cómo funcionar en Alfa conscientemente cuando lo desea, acierta solo el 20 % de las veces. Cuando aprendes el Método Silva, puedes acertar en el nivel Alfa más a menudo, probablemente cuatro de cada cinco veces.

No siempre es conveniente encontrar un lugar tranquilo donde puedas relajarte mental y físicamente y entrar en tu nivel Alfa. Afortunadamente, aún puedes aumentar tu capacidad de obtener la ventaja Alfa. Cuando hayas tenido una experiencia funcionando en alfa conscientemente mientras estás relajado mental y físicamente, podrás aumentar tu capacidad para funcionar correctamente durante el día cuando tu cerebro está principalmente en Beta. Al permanecer conscientemente en Alfa durante periodos de tiempo más largos, te familiarizas con Alfa y consigues sentirlo. Entonces, más tarde, bastará con que evoques la sensación para funcionar en Alfa incluso estando en Beta. Tu nivel mental será el equivalente a estar a 10 ciclos de frecuencia cerebral. En otras palabras, estarás funcionando en el mundo espiritual, como si el cerebro estuviera en 10 ciclos, porque habrás encontrado la puerta y habrás practicado su uso consciente. Ahora obtienes los beneficios del funcionamiento en 10 ciclos, incluso cuando tu cerebro está funcionando en beta 55 segundos de cada minuto.

Una persona no entrenada recibirá muy poco beneficio de esos treinta breves viajes a Alfa cada minuto, pero una persona entrenada como tú, que está acostumbrada a funcionar en Alfa, tendrá el mayor beneficio de percibir mejor el mensaje intuitivo del otro lado.

Puedes permanecer en Alfa conscientemente durante largos periodos siempre que lo necesites, para dedicar tiempo a analizar problemas desde varias perspectivas y programar soluciones. Pero a menudo no es necesario pasar mucho tiempo en Alfa. Cuando estés hablando con alguien, puedes simplemente desear ser más sensible a esa persona, y serás exactamente eso, siempre que hayas practicado y desarrollado tu habilidad.

Repasemos la sencilla fórmula para desarrollar esta habilidad. En primer lugar, aprende a ir al nivel Alfa y a funcionar allí conscientemente. En segundo lugar, usa tus habilidades para ayudar a corregir problemas en el planeta, para ayudar a hacer de este mundo un lugar mejor para vivir. Cuando hagas estas dos cosas, disfrutarás de más prosperidad en todas las áreas de tu vida.

Beneficios de la comunicación subjetiva en los negocios

La comunicación subjetiva —«hablar» con alguien sin pronunciar una sola palabra— tiene aplicaciones cotidianas en la vida empresarial. No pretende sustituir a la comunicación objetiva —hablar, llamar por teléfono, enviar un mensaje de correo electrónico—, sino que es un complemento importante.

La comunicación subjetiva trasciende el tiempo y el espacio, siempre que se utilice con compasión. Cuando los empresarios oyen hablar de los posibles usos de la comunicación subjetiva, sus ojos se abren de par en par con la expectativa de controlar a clientes potenciales, competidores y colegas poco cooperativos. Entonces llega la «mala» noticia: la comunicación subjetiva debe utilizarse con amor y compasión para que funcione. Es entonces cuando pierden el interés.

En realidad, no es una mala noticia. No tiene por qué haber polaridad entre nosotros y nuestros clientes, competidores o colegas. La persona que se siente al otro lado de la valla es la que crea, precisamente, ese aislamiento. La vida empresarial se llena entonces de discusiones, contrariedades, bloqueos, obstáculos y trampas.

Cuando amplías tu círculo de compasión y te consideras a ti mismo y a los demás en el mundo de los negocios como una gran familia, tu vida empresarial se vuelve menos despiadada. En lugar de eso, disfrutarás de relaciones más armoniosas y de una navegación más fluida.

Menos dualidad y más unidad significa menos enfoques del hemisferio izquierdo y más enfoques del hemisferio derecho. A medida que activas el hemisferio derecho y te centras en tu pensamiento, consigues un nuevo socio: la Inteligencia Superior.

¿Qué pasaría si fueras a tu nivel Alfa, te imaginaras a tu competidor más duro y dijeras mentalmente: «Hermano, ¿no sería mejor para los dos que nos abstuviéramos de insultarnos y de criticar el producto del otro? A los dos nos iría mejor». A los dos os iría mejor.

¿Qué tal una conversación de Yo Superior a Yo Superior cuando hay un problema obrero-patronal? Se apela a lo que es correcto, no a quién tiene razón, y hay una rápida resolución del problema.

¿Hay formas ventajosas de hablar subjetivamente con tu supervisor o subordinados? Todos los días.

No debería detallar las aplicaciones, ya que no puedo acercarme a cubrir el campo. Por cada comunicación objetiva que no da los resultados deseados, hay un enfoque de comunicación subjetiva que sí lo hará.

Recientemente se aportaron pruebas científicas de la comunicación subjetiva en México, cuando se realizaron estudios electroencefalográficos (EEG) de forma controlada en parejas de individuos a los que se pidió que se comunicaran entre sí simplemente siendo conscientes en silencio de la presencia de su pareja.

Los experimentadores registraron una actividad más sincrónica de lo habitual entre los hemisferios cerebrales izquierdo y derecho de los individuos. Además, se observó una mayor similitud en los patrones de ondas cerebrales de los individuos de cada pareja. Al estudiar los patrones de EEG, los científicos pudieron identificar qué individuos eran pareja en el 70 % de los casos.

Durante las sesiones de control, en las que los sujetos se sentaban de forma aislada antes y después de la sesión de emparejamiento, los sujetos no mostraban una mayor sincronía entre sus propios hemisferios cerebrales ni entre sí.

Cuando te relajas y visualizas a una persona, tu cerebro derecho está en contacto con su cerebro derecho. La ruta de la «conexión» real puede resultarnos difícil de rastrear. Pasa por el Yo Superior, es decir, por el mundo no físico. De Yo Superior a Yo Superior puede considerarse una especie de *email* espiritual.

Cómo usar tu laboratorio mental en el trabajo

Para los empresarios que se plantean la creación de un laboratorio mental como el descrito en el capítulo anterior, el potencial de resolución de problemas y aumento de beneficios es enorme. El mero hecho de haber creado consejeros en el laboratorio, o de haberlos trasladado a él, le da acceso a consultores del más alto nivel, capaces de proporcionar consejos inspirados al instante.

Si en la situación en cuestión están implicados hombres, pide consejo a tu asesor masculino; si son mujeres, pídeselo a tu asesora femenina. Si están implicados ambos sexos, pregunta a cada uno por turnos. Si ninguno de los sexos está implicado y no se trata de un problema orientado a las personas, pregunta a cualesquiera de los dos.

La forma de preguntar es formular la pregunta de manera que sea posible responder con una o dos palabras. Una vez formulada la pregunta, desconecta. Es decir, empieza a pensar por ti mismo en las posibles soluciones. La respuesta llegará. Tendrás la sensación de estar adivinando. Esa es la sensación adecuada; es la respuesta de tu consejero. ¿De dónde saca la respuesta? A estas alturas ya deberías saber la respuesta a esa pregunta: del otro lado.

Pero digamos que tu consejera es Florence Nightingale y tú quieres saber si debes fabricar faldas largas o faldas cortas en la próxima temporada. Florence Nightingale era enfermera. ¿Cómo iba a saber algo de moda?

La respuesta es que sí, porque tú la has creado como tu enlace con la Inteligencia Superior, donde reside la respuesta. Pero si crees que ella no puede, tus pensamientos negativos son un factor perjudicial en el cuadro total. Tu falta de fe en Florence Nightingale está negando su valor para ti.

Lo mejor que puedes hacer es crear otro consejero en el que sí tengas fe. He aquí cómo.

No tienes que despedir a Florence Nightingale como consejera; puedes invitar a un consejero temporal a tu laboratorio para que te ayude a resolver este problema concreto. La elección es tuya. ¿Quién es la mejor especialista en moda en tu región? Invítala a tu laboratorio —por el mismo hueco similar al de un ascensor— y obtén asesoramiento experto gratuito.

Para mejorar la comunicación con un asesor no experimentado, puedes utilizar una poderosa técnica del Método Silva: haz la pregunta. A continuación, coge la cabeza del consejero y ponla sobre la tuya como si fuera un casco. Los pensamientos y/o sentimientos que te llegarán son los de tu consejero. Asegúrate de quitarte el «casco» y devolvérselo inmediatamente.

¿Te imaginas toda la experiencia a la que ahora tienes acceso? Expertos en alta dirección, magos de las finanzas, linces jurídicos, incluso tus competidores.

Te estarás preguntando: «¿No es poco ético hacer esto?». Yo creo que no. Si hemos de vivir la unidad, todo lo que hagamos en este mundo que refleje esa unidad es sensato.

El propietario de una zapatería en un nuevo y grandioso centro comercial estaba perdiendo dinero. Lo mismo les ocurría a otros comerciantes de su misma planta que tuvieron que cerrar. Cuando el hombre se enteró de que dos de las tiendas vacías serían ocupadas por zapaterías, estaba dispuesto a abandonar. ¿Cómo podían ganarse la vida tres zapaterías en la misma zona cuando una no conseguía hacerlo?

Cuando las otras tiendas abrieron a ambos lados, para su sorpresa, el negocio mejoró. A las tres tiendas les fue bien. Su volumen se triplicó. Las tres zapaterías juntas actuaban como un imán para atraer a clientes de calzado de una zona más amplia.

La unión es natural. Es el *modus operandi* del otro lado.

Más formas de obtener ayuda en el mundo de los negocios

Jack K. escuchaba música clásica suave siempre que se llevaba trabajo a casa. Como ambos preferían música más popular, su mujer no entendía por qué. Jack tampoco, pero sabía que le ayudaba a comprender y retener lo que aprendía. Lo que Jack no sabía era que las suaves armonías estimulaban su hemisferio cerebral derecho.

Tienes una forma aún mejor de estimular tu hemisferio cerebral derecho: el nivel Alfa. Mientras lees, te distraerás, pero puedes programarte para seguir funcionando en el nivel Alfa simplemente con juntar los tres dedos. Intenta aplicar la técnica de los tres dedos a tu vida profesional. Cuando escribas un informe, si te encuentras con un obstáculo, junta los tres dedos y se te ocurrirá la manera de sortearlo. Si tienes que hablar ante un grupo, junta los tres dedos y tus palabras cobrarán sentido y aflorarán las ideas adecuadas.

Ir a Alfa en tu escritorio pronto ya no requerirá respiraciones profundas ni cuentas atrás. Basta con desenfocar los ojos, apartándolos de los estímulos visuales, dirigiéndolos ligeramente hacia arriba para activar el estado Alfa. Soñar despierto también desencadenará el estado Alfa y crearás tus ensoñaciones para resolver problemas.

Unos momentos en Alfa sentado a tu mesa pueden equivaler a horas en Beta. En Alfa, te conviertes en un supergenerador de ideas. Ese letrero humorístico que reza «Genio trabajando» se convierte en un hecho. Eres capaz de ser clarividente a la hora de lidiar con contingencias futuras, preparar inventarios, hacer compras y manejar los contratiempos del día a día. Todas las habilidades que acabo de atribuirte se manifiestan simplemente a través de ti. Tienes un medio de apoyo invisible, un socio invisible.

¿Cuándo dirías que se producen los dos minutos potencialmente más rentables del día? La respuesta: cuando pones los pies en el suelo por la mañana. Este es el comienzo del día para ti, y es el mejor momento para programar un día perfecto porque todavía estás relajado, incluso con sueño. Siéntate a un lado de la cama. Ve a tu nivel Alfa de la forma habitual. Ve a tu lugar de trabajo. Pon un reloj. Pon las ocho, o la hora a la que empieces tu jornada laboral. Reproduce una película mental. Todo va sobre ruedas; tus compañeros están de buen humor; el día empieza bien.

Adelanta mentalmente el reloj una hora. Tu película mental muestra un progreso continuo: los asuntos van mejor de lo previsto, los nuevos contactos tienen éxito.

Continúa adelantando el reloj hora tras hora mientras la película mental muestra acontecimientos inesperados, llamadas telefónicas fructíferas y un día perfecto.

Estos son los dos minutos más rentables porque crean a partir de lo que imaginas. No solo te programan para hacerlo así, sino que, puesto que eres uno —a través del otro lado— con toda la gente aparentemente dispersa de tu día a día, ellos también programan a esos otros como corresponde. En la sede del Método Silva en Laredo, Texas, sabemos que funciona. Nosotros lo hacemos.

> Antes de poder cultivar rosas hermosas en su jardín, uno debe ser capaz de cultivar rosas hermosas en su mente.
>
> Antes de que un arquitecto pueda diseñar un magnífico edificio, debe tener un magnífico edificio en su mente.
>
> Antes de que un artista pueda producir una pintura extraordinaria, debe ser capaz de ver mentalmente dicha pintura.

Para que ocurra un acontecimiento en el mundo de la materia —tu oficina, tu tienda, tu fábrica—, primero debe ocurrir en las imágenes de tu mente.

Capítulo 11

Cómo obtener ayuda del otro lado para los problemas más difíciles de la vida

Ya tienes la historia completa. No he omitido ningún ingrediente esencial. Ya puedes deleitarte con los frutos del pensamiento centrado. Lo que queda es la eficacia en la programación para que puedas manejar emergencias, crisis, dilemas y otras situaciones complejas con la ayuda del otro lado. De esto hablaremos ahora. Y en el capítulo final, cubriremos cómo mantener tu barco de la vida en un curso estable, guiándolo con la ayuda de la mano firme de la Inteligencia Superior.

Hay muchos más capítulos por venir, no en este libro, y probablemente no escritos por mí. Solo estamos en el umbral de cerrar la brecha entre nosotros y nuestra fuente. A medida que la investigación y la experiencia produzcan más conocimiento pragmático y sabiduría, esos conocimientos aparecerán en más libros. Puede que incluso se enseñe en las escuelas. ¿Puedes ver el listado de cursos? «Cómo trabajar con la Inteligencia Superior».

Los avances en el campo de la salud permiten vislumbrar lo rápido que estamos progresando en esa dirección. La ecología puede ser la segunda. En la retaguardia estarán probablemente la política y la diplomacia.

No es difícil encontrar conferencias sobre salud en las que se estudian con avidez todas las piezas del rompecabezas del cerebro y el cuerpo para poder armarlo. Una de estas conferencias, celebrada en Las Vegas en 1988, incluía a extraños compañeros de cama como investigadores alemanes de terapias antialérgicas, investigadores rusos de iones negativos, practicantes orientales de psiconeuroinmunología, expertos en remedios naturales africanos, médicos que utilizan la medicina tradicional china y médicos implicados en la curación vibracional, la homeopatía, la medicina ayurvédica, la acupuntura y las terapias bioenergéticas. Cuando reúnan todas estas piezas, ¿no sería interesante que la imagen resultara ser el rostro de Dios?

Fue Winston Churchill quien dijo: «Los hombres tropiezan de vez en cuando con la verdad, pero la mayoría de ellos se levanta y salen corriendo como si nada». El nivel Alfa es un ejemplo de ello. No puedo entender por qué todos los pueblos del mundo no han comprendido ya que es la panacea para los problemas del planeta.

Si uno pasa al nivel Alfa, se conecta con el Creador del planeta. ¿Puede haber un camino mejor?

Cómo afrontar la pérdida de un ser querido

Una de las mayores conmociones que puede sufrir una persona es la pérdida repentina de un ser querido. Puede tratarse de la separación de un amante o de un cónyuge, o del fallecimiento de un amigo íntimo o de un miembro de la familia.

La primera inclinación es sentirse víctima o mártir. Sentir lástima por uno mismo crea un yo más triste. Tus primeros pensamientos deberían ser, en cambio, cómo devolver a tu vida su utilidad de antaño. Cambia los pensamientos negativos por pensamientos positivos.

Existe una técnica del Método Silva diseñada para hacer exactamente eso: el Espejo mental. No lo fuerces. No te precipites. Pero sé consciente de tus pensamientos. Esa es la manera de superar el dolor. A medida que vayas adquiriendo conciencia de tus pensamientos, los reconocerás como taciturnos, negativos, fútiles. La mente está por encima de eso, y una vez que se ve en el espejo de tu conciencia, el deseo de cambiar de polaridad comienza a magnificarse. Comienza con tu voluntad de dejar ir. Cobra impulso con la sustitución de pensamientos constructivos. Vence cuando caes en la cuenta de que tu vida debe continuar.

Ahora eres capaz de ver en qué direcciones puedes moverte. Ahora puedes imaginarte la meta en el espejo de marco blanco. También eres capaz de dirigir tus pensamientos hacia los aspectos positivos de la situación. Sí, te ha enseñado a afrontar mejor la adversidad, a conocerte mejor a ti mismo y a comprender el dolor que otros experimentan en situaciones de pérdida similares. Pero también te ha ayudado a crecer y a convertirte en la persona que necesitas ser.

Vuelve a leer este párrafo. Deja el libro. Ve a tu nivel Alfa y deja que fluyan imágenes sobre las secuelas positivas de tu pérdida. Puede que también desees hacer una afirmación positiva a fin de programarte a ti mismo para seguir emergiendo de la terrible experiencia.

Si se trata de la muerte de un ser querido, podrías utilizar esta afirmación: «Tengo la fuerza para sobreponerme a esta pérdida. Cada día, en todos los sentidos, me hago más fuerte y funciono mejor».

Y podrías considerar esta otra, si es aplicable: «El pasado ya pasó. El futuro está por delante. Tengo la libertad de elegir entre muchas oportunidades para hacer que mi vida sea creativa, productiva y alegre».

O esta otra: «Me siento tranquilo, fuerte y seguro. Sobrevivo a las pérdidas porque tengo el control. Estoy a salvo, feliz y confiado».

Si se trata de una separación o la interrupción de una relación con un ser querido, podrías tener en cuenta esta afirmación: «Si tú puedes vivir sin mí, yo puedo vivir sin ti. Cada minuto que pasa a partir de ahora se cierra esta puerta y se abre otra».

La mejor afirmación es la que tú creas para adaptarla a tu situación. Recuerda las letras POS. Tu afirmación debe ser positiva, posicionarte y ser posible. Debe ser optimista, tener una dirección y estar al alcance de la mano.

A veces resentimos la partida de la persona, incluso en la muerte. El resentimiento te pasará factura. Elimínalo ahora yendo a tu nivel Alfa para buscar el perdón mutuo. Nunca es demasiado tarde para el perdón.

Cómo afrontar el miedo

La pérdida de un ser querido puede hacer que la vida parezca sombría y el mundo vacío. Sin embargo, un año después, el dolor ha desaparecido y la vida ha vuelto a llenarse de color. No ocurre lo mismo con el miedo. Aunque el tiempo tiende a disipar la pena, puede fortalecer el miedo. La vida nos ofrece una abundante variedad de miedos y fobias. En general, todos tenemos la opción de tener miedo a la pobreza, el fracaso, la soledad, la inseguridad, los prejuicios, la autoridad, etc. Más concretamente, podemos desarrollar un miedo atroz a volar, a los ascensores, a los espacios cerrados, a los insectos, a la suciedad, a la oscuridad, a hablar en público, a los lugares altos, a los perros. Se han identificado más de cien fobias comunes, a las que se han dado nombres científicos.

El miedo ahoga la alegría. Cualquier cosa que nos prive de la alegría de vivir es un problema grave. Hay tres pasos necesarios para disipar los miedos y las fobias:

1. Reconocerlo
2. Comprenderlo
3. Reprogramarlo

Veamos cada uno de estos pasos por separado.

1. *Reconocerlo.* Tendemos a revolcarnos en el miedo como si, más que un temor, fuera una amenaza real. Relájate, enfréntate a esas supuestas amenazas reales y ponles nombre. Admite que tienes miedo (a las cucarachas, a los prejuicios, a conocer gente nueva… lo que sea).
2. *Comprenderlo.* La mejor forma de entender tu miedo es averiguar la causa. Puedes ser tu propio psicoanalista yendo a tu nivel Alfa y preguntándote cuál es la causa de esos pensamientos negativos. Deja que tu mente divague por donde quiera. Puede que te lleve de vuelta a cuando el tío Eddie te sumergía en la piscina de pequeño. Pensabas que te ahogabas, pero el tío Eddie solo te estaba enseñando a nadar. Y desde entonces tienes miedo al agua.
3. *Reprogramarlo.* La reprogramación empieza con la comprensión del problema. En el ejemplo anterior, tu cerebro derecho responde a la nueva información diciendo: «Hemos archivado esto mal. Pásalo de la carpeta Supervivencia a la carpeta Memoria». Ahora estás listo para sustituir el viejo comportamiento por uno nuevo con una programación positiva y afirmativa. Ve a tu nivel Alfa y date nuevas instrucciones.

A continuación, se sugieren algunas de estas nuevas instrucciones. Tal vez puedas utilizar alguna directamente o adaptarlas a tu situación particular.

✓ *Miedo a conocer gente nueva.* «Es divertido conocer gente. Salgo ganando al conocerla. Me relajo completamente cuando conozco gente nueva».

- ✓ *Miedo a los ascensores.* «Sé que los ascensores son seguros. Los utilizo con confianza».
- ✓ *Miedo a las alturas.* «Me concentro en la solidez y la estabilidad del lugar en el que estoy. La altura amplía mis horizontes y alarga mi visión. Me parece interesante. Me siento cómodo».
- ✓ *Miedo a los insectos y roedores.* «Los insectos y los roedores me tienen miedo. No tengo nada que temer de ellos».
- ✓ *Miedo a la pobreza.* «Estoy rodeado de gente que se preocupa. Siempre tendré lo necesario para vivir. Tengo un medio de sustento invisible».

Repite tus afirmaciones tres veces mientras estás en el nivel Alfa, y hazlo una vez al día hasta que dejes de tener el problema.

Si tienes que construir tu propia afirmación a medida, sigue estas tres sencillas reglas:

1. Las instrucciones que te des a ti mismo deben ser positivas.
2. Enuncia un hecho que de algún modo desmienta el miedo o rebata su validez.
3. Afirma tu confianza relajada.

Comprueba en los ejemplos anteriores cómo se han aplicado estas tres reglas. Esto te ayudará a construir una afirmación acertada para tu miedo o fobia, que irá desapareciendo. Sin miedo, la vida tiene una cara nueva y hermosa.

Cómo hacer frente a problemas aparentemente irresolubles

Si te relajas profundamente y te imaginas mentalmente de forma realista…

Si tienes confianza en el Método Silva y sabes que te estás programando con éxito…

Si estás ayudando a otras personas a resolver sus problemas al mismo tiempo que trabajas para resolver los tuyos…

Si no tienes rencores, ni odios, ni hostilidades, y has perdonado a todos en tu vida pasada y presente…

Si eres consciente de la existencia de tu Yo Superior, aunque sea tenuemente, y de la existencia de la Inteligencia Superior...

Puedes resolver los problemas del mundo físico. No hay problema insoluble ni meta inalcanzable para ti. Son tantas las enfermedades catastróficas que se han convertido en «milagros», tantos los rivales mortales que se han convertido en amigos inseparables, tantos los resultados aparentemente inalcanzables que se han manifestado de forma inesperada, que uno no puede sino sentirse pequeño y contemplar con admiración la inteligencia, el poder y el amor que hay al otro lado.

¿Qué técnicas tienes a tu disposición para los problemas difíciles? He aquí un rápido repaso:

- ✓ Utiliza la técnica de los tres dedos para cualquier acontecimiento que requiera una mayor toma de conciencia. Programa de antemano: «Cuando junto estos tres dedos y considero (insertar evento problemático), mi mente trabaja a un nivel de conciencia más profundo para (insertar resultado positivo)».
- ✓ Utiliza la técnica del vaso de agua para situaciones complejas que no se prestan a hacer imágenes.
- ✓ Utiliza el control de los sueños cuando no sepas qué técnica utilizar o cuál puede ser la solución.
- ✓ Utiliza la comunicación subjetiva para problemas de relaciones humanas.
- ✓ Utiliza el nivel Alfa (técnica sin fórmulas) para cualquier emergencia: haz afirmaciones positivas.

Cada una de estas técnicas puede aplicarse a «alta velocidad» cuando sea críticamente necesario. Repasemos la lista una vez más, indicando lo que podemos hacer en situaciones de emergencia o urgencia para que estas técnicas nos permitan obtener resultados aún mejores.

- • LA TÉCNICA DE LOS TRES DEDOS.

Cuando programes con antelación cualquier acontecimiento, hazlo en el mejor momento. Si recuerdas, te expliqué cómo determinarlo: antes de dormirte por la noche, ve a tu nivel Alfa y dite mentalmente: «Esta noche me despertaré en el mejor momento para programarme». Duérmete desde tu nivel Alfa.

La primera vez que te despiertes será el momento adecuado. Vuelve a tu nivel Alfa y programa la técnica de los tres dedos. Otra forma de aumentar la eficacia de esta técnica para elevar tu conciencia al nivel superconsciente, mientras juntas los dedos, es respirar profundamente y aguantar la respiración durante unos segundos. El acto de contener la respiración desencadena una reacción de supervivencia, y funcionará con una conciencia aún más elevada.

- LA TÉCNICA DEL VASO DE AGUA.

Pon unas gotas de limón en el agua y sujeta el vaso con las yemas de los dedos de ambas manos. Mantén los dedos de cada mano tocándose mientras cierras los ojos y los diriges ligeramente hacia arriba, diciéndote mentalmente: «Esto es todo lo que tengo que hacer para resolver el problema que tengo en mente», mientras bebes la mitad del agua. Haz lo mismo con las manos cuando termines de beber y programar el agua por la mañana.

- CONTROL DE LOS SUEÑOS.

Esta técnica no puede serte todo lo útil que sería deseable si no estás recordando todos tus sueños. Aunque estés recordando los sueños, puede que valga la pena pasar por la programación para recordar un solo sueño (ver Noches 11 y 16). Anota más detalles de tus sueños cuando te despiertes. Más tarde, cuando estudies los sueños, un detalle en particular puede resultar ser la clave que buscas.

- COMUNICACIÓN SUBJETIVA.

Cuando te enfrentas a graves problemas de relaciones humanas, necesitas estar más cerca de la otra parte. La comunicación subjetiva en tu nivel Alfa es buena; la comunicación subjetiva en tu nivel de laboratorio, que es Alfa más profundo, es aún mejor. Estás más en contacto con la otra parte.

- PROGRAMACIÓN A NIVEL ALFA CUANDO LA COSAS SE PONEN DIFÍCILES.

Si programas directamente en el nivel Alfa sin el uso de cualesquiera de las técnicas anteriores de tipo fórmula, es necesario que sepas que hay formas de mejorar tu programación. He aquí algunas:

Un problema grave merece un nivel Alfa más profundo. Ya sabes cómo profundizar tu nivel con los ejercicios de cuenta atrás. También puedes profundizar yendo a tu lugar favorito de relajación, que ya es un proceso familiar para ti. Otra forma de profundizar es con la relajación progresiva. Recuerdas cómo hacerlo desde tus primeros días de práctica: ir de la cabeza a los pies y relajar cada parte del cuerpo. Por supuesto, puedes profundizar aún más después de estos ejercicios yendo a tu nivel de laboratorio, si te parece apropiado.

Una vez que llegues al Alfa profundo, utiliza las tres imágenes. Primero, identifica el problema con una imagen mental de frente. A continuación, visualiza un cambio a mejor en la segunda imagen, que debe estar ligeramente a la izquierda (futuro). Por último, visualiza el objetivo cumplido o la solución alcanzada en una tercera imagen, también ligeramente a la izquierda. En la segunda imagen, es útil incluir una técnica desencadenante «con cada paso adelante» o «con cada sorbo de agua».

Las imágenes suelen ser suficientes; son el uso de la energía creativa, el «lenguaje» de la otra parte. Las palabras también pueden ser un arma poderosa, si se utilizan palabras poderosas. Como todos sabemos, cuando las cosas se ponen difíciles, los difíciles se ponen en marcha.

Las afirmaciones, cuando estás trabajando para superar la adversidad, pueden ser duras. John Bunyan dijo: «El que está abajo, no necesita temer la caída». En asuntos serios, no hay necesidad de ser moderado o de andar con rodeos cuando necesitas ayuda del otro lado. Ejemplos:

«Espero y ordeno resultados. Creo en el progreso constante, lo vea o no. Mis expectativas y mis convicciones son óptimas».

«Siento un deseo ardiente de alcanzar esta meta (resolver este problema). Avanzo con impaciencia y celo. Mi genialidad, entusiasmo y buena voluntad se ganan el apoyo de los demás».

«Cada día soy más fuerte y más valiente. Veo las cosas como son. Estoy seguro de que alcanzaré esta meta (resolveré este problema). Trabajo con entusiasmo, determinación y creatividad».

Cómo dar grandes saltos en las habilidades personales

En 1967, cuando estaba expandiendo mis clases en Texas, artistas de Amarillo me preguntaron como podían usar el Método Silva para aumentar sus habilidades artísticas. Seleccioné a una mujer de la primera hilera.

—Señora —le dije—, ¿quiere venir y sentarse en esta silla?

Subió al escenario y se sentó en la silla frente a la sala. Le dije que entrara en su nivel Alfa, porque quería hablar con ella a su nivel.

Cuando indicó que estaba en su nivel Alfa, le dije:

—¿Cómo se llama?
—Sra. F.
—Sra. F., ¿como quién le gustaría pintar?
—Como Van Gogh —respondió.
—¿Ha leído la biografía de Van Gogh?
—Sí.
—Señora F. —continué—, puesto que usted es pintora, debe tener buena
    visualización e imaginación. ¿Podría, utilizando su visualización e imagi-
    nación, crear algo parecido a Van Gogh aquí a su nivel?
—¿Quieres decir que lo simule?
—Sí.
—Sí, puedo hacerlo —dijo la señora F.

Entonces le dije que empezara a crear una copia de Van Gogh, empezando por la cabeza y bajando hasta los pies. La Sra. F. empezó a hacer movimientos con las manos como si estuviera esculpiendo un cuerpo a su derecha, empezando por la cabeza. Todos los presentes observaban a la Sra. F. crear su Van Gogh a nivel clarividente.

Cuando terminó, le dije que, a partir de ese momento, cuando pintara fuera de su nivel y tuviera una duda sobre un problema pictórico, lo único que tenía que hacer era juntar las puntas de los tres primeros dedos de cualesquiera de sus manos, concentrarse en la imagen de Van Gogh que había creado y hacer la pregunta que deseaba que le respondieran. «Las respuestas que obtenga serán las de Van Gogh», le aseguré.

Entonces le pedí que saliera de su nivel Alfa y se pusiera a pintar. La Sra. F. contó y abrió los ojos, preparó el caballete, el lienzo, las pinturas y los pinceles y empezó a pintar. De vez en cuando juntaba los tres dedos, hacía una pausa y seguía pintando.

Su cuadro era un jarrón con flores. La clase estaba asombrada, porque la Sra. F. era una alumna nueva que solo había recibido unas pocas clases de arte. Más tarde llegó el profesor de arte. No era consciente de lo que había ocurrido. Se quedó mirando el cuadro y empezó a señalar las similitudes con un Van Gogh.

Un tiempo después, algunos miembros de la clase dijeron que no querían utilizar este método porque no deseaban hacer copias de la obra de otra persona.

Les expliqué que no había nada malo en empezar imitando a los grandes maestros.

«En otras palabras», les dije, «estáis retomando donde los grandes maestros se detuvieron». Entonces les recordé lo que había dicho el maestro de maestros, Cristo:

«El que cree en mí y en las obras que yo hago, también las hará, y mayores que estas hará».

Interpreté el significado de la frase: «Vosotros que creéis (en vuestro nivel Alfa) en Van Gogh y en las obras que él hizo, también haréis, y mayor que esto haréis».

E insistí: «Fijaos en la frase "y más que esto haréis". Esto significa que no debéis conformaros con ser tan buenos como los grandes maestros. Debéis hacer obras mayores que aquellas».

«En otras palabras», concluí, «seréis mejores que los mejores. Ser mejores que los mejores será vuestra contribución al mundo del arte».

Desde entonces, muchos artistas y otras personas creativas han potenciado su talento y resuelto problemas profesionales utilizando el Método Silva. Hagamos un repaso:

1. En el nivel Alfa, imagina a la persona de éxito a la que te gustaría emular.
2. Dite mentalmente: «Cuando necesite saber qué hacer para ser mejor, todo lo que tengo que hacer es juntar el pulgar y los dos primeros dedos de cualquier mano, concentrarme en esta imagen y las respuestas que obtenga serán las suyas (las de ella)».
3. Finaliza la sesión y retoma tu trabajo.
4. Cada vez que surja una dificultad, junta los tres dedos.

La mente es una gran solucionadora de problemas

Mientras escribo este libro, un fabricante japonés está tratando de recaudar ochenta millones de dólares para contratar a cien científicos de todo el mundo con el fin de explorar el cerebro. El dinero se emplearía en construir una estructura en un terreno de dieciséis hectáreas para alojar a veinte científicos visitantes durante periodos de tiempo variables. Estudiarían el funcionamiento del cerebro y problemas específicos como el envejecimiento. Un científico afirma que el proyecto ofrecerá una oportunidad única de «visualizar el cerebro despierto y en funcionamiento, que —encerrado en su gruesa caja ósea— ha sido hasta ahora extraordinariamente impenetrable para el clínico».

Este proyecto de estudio del cerebro es apasionante. Cuanto más sepamos sobre él, mejor. Pero aprender algo sobre nuestros procesos de pensamiento estudiando el cerebro es como aprender sobre literatura estudiando ortografía. Hay algo más en la función de pensar que esos tres kilos de materia cerebral en la «caja gruesa y huesuda». La mente.

Hay un campo de energía que rodea el cerebro y, de hecho, abarca todo el cuerpo. Es como un molde para el cuerpo físico. Denominado campo bioenergético, es la inteligencia trabajando para guiar las células, los órganos y los sistemas. Está fuera de la «caja gruesa y ósea» y, sin embargo, forma parte de nuestra inteligencia total.

Y es solo el principio.

Si añadimos al campo bioenergético los demás campos de inteligencia que utilizamos, la mente se convierte en un fenómeno ilimitado.

Ya en la década de 1940, Harold S. Burr, neuroanatomista de la Universidad de Yale, estudió los campos de energía alrededor de plantas y animales vivos. Descubrió que la salamandra joven poseía un campo de energía con la forma aproximada de los animales adultos en los que se convertiría, y que el eje de este campo podía detectarse incluso en la etapa embrionaria. Al estudiar las plántulas, descubrió que existía este mismo fenómeno: el campo eléctrico alrededor del brote se parecía al de la planta adulta.

> La energía es la fuerza creadora del universo. El cerebro es materia física. La energía es la fuente de la materia. Así pues, la energía es nuestro nexo de unión con lo no físico.

Por lo tanto, la mente, y no solo el cerebro, es el «órgano» milagroso que la humanidad necesita comprender. Necesitamos identificar los demás campos energéticos que rodean al hombre. Necesitamos saber más sobre lo que el Dr. Rupert Sheldrake llama los campos morfogenéticos, y necesitamos entender más sobre lo que el Dr. Peter Russell llama el cerebro global.

Cuando se trata de resolver los diferentes problemas de la vida, sí, necesitamos utilizar el cerebro, ambos lados de él, lo que permite que una mayor parte de nuestra mente esté conectada a esa inteligencia superior del otro lado.

Cualquier forma de mejorar nuestra conexión con esa inteligencia superior es imprescindible para resolver los problemas difíciles de la vida.

Una de esas formas es utilizar el nivel de laboratorio y a nuestros consejeros. En el nivel de laboratorio, estamos más cerca de lo que realmente son los problemas difíciles de la vida; se pueden desenredar más eficazmente en el nivel de laboratorio y con la ayuda de los consejeros que representan nuestra conexión con nuestra fuente creativa.

Así pues, utiliza tu nivel de laboratorio y tus consejeros cuando programes directamente o a través de la comunicación subjetiva. Lo que «ves» en tu nivel de laboratorio se manifiesta en el nivel físico.

Al recordarte la importancia del nivel de laboratorio, me veo obligado a insistir en su naturaleza espiritual. Uno no acude al presidente de una empresa para informarle de la escasez de clips. Sospecho que todos desarrollamos una reputación «arriba» por nuestra capacidad para manejar las responsabilidades rutinarias. Alguien que acude a su nivel de laboratorio para situaciones rutinarias que pueden programarse fácilmente con una técnica de tipo fórmula puede, en opinión de la Inteligencia Superior, estar «gritando que viene el lobo».

No quiero tener esa reputación en el otro lado. Supongo que tú tampoco. Diferenciemos, pues, entre los problemas cotidianos y los problemas difíciles de la vida, para tener más éxito con ambos.

Cómo dejar de crear problemas difíciles

Peter A. perdió un trabajo tras otro. Su currículum tenía muy buena pinta porque sabía presentar el desfile de empleos como una experiencia acumulativa y diversificada. Así que siempre conseguía otro trabajo con bastante facilidad. Pero un día se encontró con un trabajo que realmente le gustaba. No quería perderlo; era agradable y prometedor.

Peter tuvo que afrontar por qué se había visto obligado a cambiar de trabajo con tanta frecuencia. Siguió el Método Silva y se sintió mejor consigo mismo. Pero también le hizo más sensible a los puntos débiles de su personalidad. No había duda: se peleaba a menudo con sus compañeros de trabajo. Tenía una mala actitud.

Fue a su laboratorio y preguntó a sus asesores: «¿Qué debo hacer con mi personalidad agresiva?». Empezó a soñar despierto sobre el rasgo de carácter no deseado. Se vio a sí mismo perdonando a su padre, fallecido hacía tiempo. Se encogió de hombros. «¿Qué más?», preguntó. No obtuvo respuesta.

Peter no comprendía del todo la «física» del perdón, pero, no obstante, se dirigió a su lugar Alfa de relajación favorito e invitó a su padre. «Tenía el mismo aspecto que yo de niño», recordó Peter. «Le perdoné todos los malentendidos y le pedí a su vez perdón. Nos abrazamos».

Más tarde, Peter volvió a su nivel de laboratorio y preguntó de nuevo a sus consejeros qué más podía hacer. Ahora llegó una respuesta: hacer un inventario de los puntos fuertes de la personalidad y programar más.

Peter no perdió tiempo. Cuanto más escribía —palabras como «puntual», «honesto», «ordenado»—, más evaluaciones de personalidad le venían a la mente. La lista fue creciendo. Entonces se puso a su nivel, lista en mano, y afirmó mentalmente: «Soy más consciente de los puntos fuertes de mi personalidad. A medida que aumenta mi percepción, también lo hacen estos, y adquiero más rasgos positivos. Cada día, en todos los sentidos, mis puntos fuertes me hacen más exitoso».

Lo último que supimos es que Peter había ascendido a director de la empresa.

Los rasgos negativos de la personalidad actúan como fuente de problemas difíciles. Es como si este fuera un universo positivo y, para triunfar en él, tuvieras que tener el mismo enfoque positivo de tu vida.

Para desprogramar un rasgo no deseado:

1. Identifica el rasgo negativo.
2. En Alfa, pregunta por la causa y deja que tu mente divague en el pasado.
3. Afirma mentalmente: «Cancelo los sentimientos de (rasgo negativo). Son el resultado de (causa), que ya no es importante para mí. En su lugar, siento (opuesto)».

Algunos ejemplos de opuestos son odio-amor, frustración-satisfacción, ineptitud-autoestima, abatimiento-entusiasmo e inseguridad-confianza.

Si la dificultad es más un patrón de comportamiento que un rasgo de la personalidad, reformula lo anterior en consecuencia. A continuación, utiliza esta afirmación en Alfa para reforzar un cambio positivo:

«Estoy preparado para abandonar este (patrón de conducta). Ya no lo necesito. Soy libre para ser yo mismo. Esta nueva forma abre nuevos niveles de disfrute para mí y mis compañeros».

Cómo resolver problemas de salud graves

Nada de lo que se dice sobre curación en este libro pretende sustituir la ayuda profesional. Los graduados del Método Silva se limitan a utilizar el nivel Alfa para ayudar a sus médicos a ayudarles; no trabajan sobre sí mismos sin la supervisión de un profesional de la salud. Los médicos agradecen esta ayuda por parte del paciente. Es bien sabido que una estrecha relación entre médico y paciente no solo es un factor que contribuye a la exactitud del diagnóstico, sino también un catalizador que potencia la eficacia de los medicamentos recetados. Los médicos y los medicamentos que recetan dependen para su éxito del poder curativo del paciente.

Con el Método Silva, te sintonizas más con la fuente de la vida —el poder creativo— para que la curación se acelere. Muchos médicos que han trabajado con un graduado del Método Silva se han llevado las manos a la cabeza con incredulidad… ya no había signos de enfermedad; un tumor se había reducido o desaparecido, ya no era necesaria una operación.

¿Cuál es la receta para tales milagros? Lo siento, no existe una receta que se pueda anotar en un papel y entregar al farmacéutico. Incluso el procedimiento mental que tiene resultados milagrosos para una persona puede no tener éxito, necesariamente, para otra. Lo que una persona hace para relajarse, corregir mentalmente, digamos, un problema de espalda, y tener una salud estupenda, no sirve como receta estándar para todo el mundo con problemas de espalda similares. Sin embargo, el denominador común de todos esos milagros es la relajación dichosa y la imagen mental confiada de la corrección positiva y el cambio restaurador.

Cuando un médico ve que se produce una corrección inexplicable gracias a la programación del Método Silva, puede ser reacio a compartirlo con sus colegas. Es más fácil asumir que la enfermedad no fue diagnosticada correctamente en primer lugar, o que ahora está respondiendo a la medicación a la que antes no respondía, o que ha sufrido una remisión inesperada.

En nuestro boletín nacional se publican muchos casos de éxito. A veces van acompañados del testimonio de un médico sobre el carácter dramático de la curación. Para aquellos interesados en los resultados curativos del Método Silva, recomendamos nuestro libro *Cómo sanarte*.

Ayuda para curarte a ti mismo y a los demás

El procedimiento básico del Método Silva para curarse a sí mismo o ayudar a curar a otra persona de una enfermedad grave es el siguiente:

1. Ve al nivel de tu laboratorio, saluda a tus consejeros y reza una oración de bienvenida.
2. Colócate a ti mismo o a la persona enferma en la pantalla de tu laboratorio y dirige tu atención al área problemática.
3. Haz lo que se te ocurra para corregir el problema: borra una mancha oscura, aplasta una piedra, reduce un tumor, cose una herida, estimula el sistema inmunitario, etc.
4. Visualiza cómo desaparece el problema. Visualiza en su lugar una salud perfecta.
5. Da las gracias a tus consejeros, reza una oración de despedida con ellos y cuenta para finalizar la sesión.

He aquí el relato de primera mano de este método utilizado por un graduado para curar un obstinado problema de espalda:

«Fui a ver al Doctor P., un quiropráctico, porque había probado todo lo demás. En dos años, nada me ayudó.

»Los médicos solo me mandaban guardar cama o me prescribían muletas y medicamentos, y seguía teniendo los mismos problemas: dolor en la cadera derecha, dolor en el hombro derecho, dolores de cabeza, dolor de cuello e insomnio.

»El Dr. P. me hizo radiografías en agosto y detectó un deterioro de los discos L-5/5 y C-5/C-6, pérdida de la curvatura cervical, desalineación rotacional de las vértebras cervicales y curvatura de la columna torácica. En otras palabras, los discos de la parte inferior de la columna se estaban cerrando, presionando los nervios y causándome mucho dolor en la cadera.

»Después de dos meses de terapia, el Dr. P. me sugirió que asistiera al programa del Método Silva de Control Mental. Él había asistido unos años antes, y pensó que la formación me ayudaría.

»Y vaya si tuvo razón. Nuestro conferenciante tenía algunas sugerencias realmente buenas sobre cómo visualizar una espalda sana. Pasé al nivel Alfa, me programé tres veces al día y empecé a mejorar.

»Seguí el Método Silva en noviembre, y en enero el Dr. P. sugirió que me hiciera otra radiografía de la espalda. ¡Adivina qué! El disco que se estaba cerrando ahora estaba abierto, como debe ser.

»Estoy durmiendo bien y el problema de la ATM ha mejorado».

Una carta del historial del paciente del Dr. P. confirmó estos detalles. ¿Qué ocurrió para corregir este problema de espalda? ¿Qué ocurre cuando la mente se imagina que se está produciendo una corrección? Respuesta: el otro lado envía ayuda.

Según el doctor Richard Gerber: «Cuando se involucra la conciencia del paciente para ayudar en cualquier tipo de terapia, como el uso de la visualización para mejorar un tratamiento, es inevitable que se produzcan efectos amplificadores positivos». Gerber cree que este uso de la mente desbloquea los centros energéticos, eliminando los bloqueos que son la causa de los desequilibrios psicoenergéticos y, por tanto, físicos.

Cada vez son más los médicos que se mueven en la dirección de los enfoques holísticos, viendo al ser humano menos como un cuerpo físico cerrado y más como un sistema complejo de energías físicas, mentales, emocionales y espirituales.

Un bloqueo energético, afirma Gerber, «puede impedir el flujo del espíritu y de la conciencia superior del individuo hacia la vida consciente despierta».

El Método Silva pone ese proceso en marcha atrás. Cuando «vemos» nuestro propio cuerpo o el cuerpo de un sujeto en la pantalla de nuestro laboratorio, estamos viendo el cuerpo energético. Nuestra conciencia superior hace correcciones a ese nivel: el del espíritu. Las correcciones en ese nivel creativo se manifiestan automáticamente en el nivel de la creación, el cuerpo físico. Lo que está arriba se refleja abajo.

El Método Silva para mantenerse sano

El Método Silva es más que un procedimiento correctivo que se usa solo cuando hay problemas. Los graduados adquieren el hábito de ir al nivel Alfa a diario. El solo hecho de estar en el nivel Alfa los sintoniza con su fuente creativa. Esto significa que es más probable que hagan lo que les sale de forma natural.

Estar fuera de sintonía conduce a comportamientos antinaturales: sentarse demasiado, comer demasiado, estresarse demasiado.

Estar en sintonía significa sentirse atraído por los alimentos adecuados en las cantidades adecuadas y llevar una vida más activa y sin estrés.

A la primera señal de cualquier desequilibrio físico, recomendamos ir al nivel Alfa tres veces al día durante 15 minutos cada vez. Una parte de ese tiempo debería emplearse en hacer correcciones de laboratorio del desequilibrio mediante la visualización y la imaginación. El resto de ese tiempo puede emplearse en ensoñaciones positivas, simplemente en estar allí.

El nivel Alfa sirve tanto para la prevención como para la corrección. ¿Por qué es una panacea? La respuesta: ¿qué otra cosa se puede esperar del otro lado sino la ayuda integral del nivel Alfa?

> El otro lado no nos ayuda a crear problemas graves. Cada uno de nosotros puede atribuirse el mérito de sus propias dificultades. Somos expertos en ello. La imaginación es una facultad maravillosa con la que todos hemos sido bendecidos. Nos ha ayudado a crear este mundo. Cuanto más viva es la imaginación, mayor es su potencial para causar graves problemas.

Para crear beneficios en lugar de problemas, la imaginación debe estar bajo control. Fuera de control, puede ser destructiva. Puede destruir los mismos beneficios que ha creado. Y, debido a la fuerte conexión mente/cuerpo, puede suponer una amenaza para la vida física.

En el nivel Alfa, controlas tu mente. Eres capaz de poner tu imaginación a trabajar en objetivos positivos y creativos. Puedes eliminar el miedo, la culpa, la tristeza, el estrés y otras causas de problemas graves. Nunca tendrás que permanecer en situaciones que no disfrutas. Puedes convertir tu parte del mundo en un paraíso.

Capítulo 12
Tu asociación permanente con el otro lado

En mi opinión, la historia de la venida de Cristo representa un nacimiento que debe tener lugar en cada uno de nosotros, lo que se conoce como «volver a nacer» en la dimensión espiritual. Es apropiado que celebremos este nacimiento en la época más oscura del año, cuando los días son más cortos, cuando el futuro promete días más largos, cálidos y luminosos. Pero los símbolos no importan, siempre que la gente se dé cuenta de que existe una dimensión espiritual en la que todo es posible, y siempre y cuando aprenda a utilizar esa dimensión.

¿Las religiones y los sistemas de creencias unen a la gente o la dividen? Vemos guerras y sociedades trastornadas por las creencias de la gente sobre lo que nos puede pasar en el otro mundo. Las filosofías, las religiones y los sistemas de creencias no han evitado las guerras y el sufrimiento en este planeta. De hecho, a menudo han causado guerras y sufrimiento.

Me parece que todos los grandes maestros intentaron enseñar a sus seguidores cómo vivir una vida mejor aquí en el planeta Tierra. Buda enseñó el desapego como medio para reducir la frustración y las luchas; Lao-Tse enseñó que debemos fluir con las fuerzas del universo y vivir en armonía; al principio de su ministerio, Mahoma trajo paz y reforma social a su pueblo.

Cada maestro fue único en lo que aportó a la humanidad. La mayoría, desde Moisés en adelante, han aportado reglas para vivir mejor y, por supuesto, su propio ejemplo personal. Pero las reglas funcionaban solo para unos pocos. Muchos seguían sufriendo.

Lo que hace de Cristo una figura única, en mi opinión, es que fue enviado a descubrir por qué las reglas y prácticas enseñadas por otros maestros funcionaban para tan pocas personas. Cristo fue un solucionador de problemas.

Identificó el problema: la gente había tomado el camino de menor resistencia. Disfrutaban tanto de los placeres del mundo que se habían desequilibrado. Utilizaban lo físico, pero no lo espiritual. En términos científicos modernos, estaban utilizando el hemisferio izquierdo del cerebro, pero no el hemisferio derecho, para pensar. Cuando vio cuál era el problema, Cristo enseñó un método para que la gente pudiera volver a equilibrarse y utilizar todas sus capacidades: utilizar ambos hemisferios cerebrales.

Cristo vino a traer luz, paz y amor al mundo. Debemos comprometernos a traer luz, paz y amor de todas las formas posibles. Tú puedes ayudar: primero, yendo al nivel Alfa cada día y volviéndote pacífico; segundo, programando la paz en cada punto problemático de nuestro planeta. Deberíamos utilizar nuestra herencia espiritual —las enseñanzas de Cristo y de otros grandes maestros— para unirnos y ayudar a que toda la humanidad se una en paz y colaboración en nuestro planeta.

Amor y luz

Con más frecuencia hay separación en lugar de asociación, hostilidad en lugar de paz. Ante la separación en su forma más extrema, Cristo dijo: «Perdónalos, Padre, porque no saben lo que hacen».

Nos enseñó que hay que dar y recibir perdón por cualquier injusticia. Ahora ya sabes cómo hacerlo en Alfa. Una vez que has disipado una situación difícil con el perdón mutuo, puedes transformar esa situación en una más aceptable.

Tienes acceso a dos potentes fuerzas espirituales que trabajan instantáneamente para ti. Una es la luz. La otra es el amor.

No, no una linterna, ni una bombilla, sino la luz de la conciencia. «Ve» esa luz. No tienes que ir a Alfa. Rodéate mentalmente de una luz blanca brillante. Automáticamente activarás más alfa. La luz blanca actúa como protección. Si hay otra persona o cosa presente que sea un problema, incluye a esa persona o cosa en el círculo de luz blanca. La luz y el amor van de la mano. No puedes proyectar la luz blanca con miedo y temor. Debes proyectar la luz blanca con amor y compasión.

P. J. cuidaba de un joven con problemas. Lo había llevado a dar un paseo por el campo cuando, de repente, él se volvió contra ella. Ella estaba indefensa.

Empezó a embestirla. Ella rodeó mentalmente al joven de luz y amor. Él vaciló, volvió a su postura normal y el paseo terminó sin incidentes.

La luz y el amor son tan poderosos que es bueno practicar su irradiación como forma de vida. A menudo combino la proyección de luz y amor con la entonación de un mantra. Yo utilizo el mantra universal *om*. De hecho, dirijo muchas de mis clases avanzadas entonando *om* al final de una sesión.

Om, pronunciado más como «aum» pero con una «o» prolongada y una «m-m-m» reverberante, se llama el mantra universal no solo porque es el mantra más utilizado, sino también porque se cree que es lo más cerca que las cuerdas vocales humanas pueden llegar a imitar el sonido del universo, si el universo emitiera un sonido.

Si se pudiera oír el torbellino de las galaxias, si la rotación de los planetas emitiera un sonido, si se oyeran vibrar las moléculas de la materia, sonaría como «o-o-o-m-m-m». Si esto es así, entonces todo debería vibrar con ese mantra. Y así es. Pídele a alguien que extienda las manos, con las palmas hacia abajo, mientras entonas ese mantra, y sentirá un cosquilleo en las palmas.

Me gusta oír cantar a la gente. Le pedí a mi hermano Juan que tomara clases de canto, porque tenía una voz muy potente. Perdió el interés, así que yo me encargué del resto de sus clases. Me encantaba. Mi profesor de canto decía que yo era barítono. Pero otros decían que era tenor.

Me animaron a ir a Ciudad de México para recibir clases más avanzadas con un famoso maestro. Después de una de esas sesiones, en la que canté arias de Aida, Tosca, Pagliacci y La Boheme, se anunció que el gobierno mexicano había autorizado al maestro a concederme una beca de dos años para estudiar en Milán, Italia. Nunca fui. Aun así, me sentí bendecido. Había fortalecido mi voz y por eso pude dar clases hasta ocho horas diarias, durante 10 días seguidos.

¡Y deberían oír mi *om*!

Cómo tener «suerte» el resto de tu vida

Durante los años que estuvimos investigando el Método Silva, la ciencia todavía no había descubierto las diferentes funciones de los hemisferios derecho e izquierdo del cerebro. Así que limitamos nuestra búsqueda de una conexión mental con la Inteligencia Superior a examinar las características de las frecuencias cerebrales. Descubrimos que 10 ciclos —el centro del espectro de frecuencias del cerebro humano— era la más estable y energética. Pero queríamos más pruebas para confirmar que este era el nivel para la mejor conexión con Dios, con nuestra fuente.

Era lógico suponer que si hacíamos lo correcto, nos veríamos recompensados con cosas buenas. Así sabríamos que íbamos por buen camino. Las cosas buenas empezaron a llegarnos de inmediato. Empezaron con una sensación de satisfacción, el tipo de sensación que se obtiene por el trabajo bien hecho.

A medida que tomábamos más y más decisiones acertadas en la investigación y en el mundo empresarial, los sentimientos de satisfacción se convirtieron en sentimientos de felicidad. Esos sentimientos de felicidad tenían, en el fondo, la convicción de que el otro lado estaba realmente de nuestro lado.

Cuando uno acierta más veces de las que se equivoca al hacer conjeturas o tomar decisiones en el mundo de los negocios, se dice que es «afortunado». Pero, ¿qué significa realmente decir que alguien es «una persona con suerte»? Creo que una persona con suerte está divinamente inspirada, es profética, está conectada con Dios. Esa conexión es el hemisferio derecho —desconocido para nosotros hace 30 años, pero reconocido hoy como nuestro vínculo con el lugar de donde venimos—, el reino espiritual.

El reino espiritual nos necesita para continuar con la creación.

Este mundo dista mucho de ser perfecto. Cualquier persona «afortunada» que siga resolviendo problemas y tomando decisiones para perfeccionar este mundo, y que utilice la mayor parte de las ganancias materiales obtenidas al hacerlo (tanto beneficios empresariales como personales) para fomentar esa actividad, seguirá siendo afortunada.

A medida que siga ayudando al otro lado a eliminar los obstáculos que impiden el progreso constructivo o causan la miseria humana, tendrá más suerte, será más feliz y más dichoso.

Tres pasos para mantener una vida bella

El profeta Jesús dijo: «Buscad primero el reino, funcionad dentro de la justicia de Dios, y todo lo demás se os dará por añadidura».

El reino al que se refería este profeta no era un reino al que se entraría después de morir, sino uno al que se entraría aquí mismo, en la Tierra: el reino interior. Funcionar dentro de la justicia de Dios mientras se está en el reino interior es percibir creativa y positivamente. Cuando se hace así, los resultados son automáticos.

Traduciendo esto al Método Silva, obtenemos los tres sencillos pasos con los que ya estás familiarizado:

1. Cierra los ojos y relaja tu cuerpo y tu mente.
2. Identifica el problema. Muévelo ligeramente hacia la izquierda y observa un factor correctivo en acción.
3. Mueve la imagen de nuevo ligeramente hacia la izquierda y visualiza la solución realizada.

Al corregir los problemas en el mundo espiritual e invisible de la mente, los efectos aparecen en el mundo físico y visible del cuerpo con la misma seguridad con la que el efecto sigue a la causa.

Imaginemos la situación perfecta: todo el mundo en este planeta ha desarrollado al máximo las facultades de visualización e imaginación y las ha estado practicando durante dos mil años. Debido a la potenciación del factor espiritual, las relaciones entre familias, ciudades, provincias y naciones vecinas son excelentes. Cuando se enfrentan a un problema difícil, las familias, ciudades, provincias y naciones vecinas cooperan entre sí hasta encontrar una solución.

Cuando existe este tipo de cooperación, el estrés, la ansiedad y la tensión desaparecen por completo. El estrés, la ansiedad y la tensión son los causantes del debilitamiento del cuerpo humano.

Así que, debido al factor espiritual mejorado, no hay problemas que causen angustia, tensión y ansiedad y debiliten el cuerpo humano. Esto resulta en que tengamos una salud perfecta. Los cuerpos humanos sanos que duran más tiempo son capaces de hacer más y mejor trabajo, ayudar a Dios con la creación y convertir el planeta en un paraíso. Una vez que una persona ha desarrollado la capacidad de utilizar la visualización y la imaginación, y ha aprendido a funcionar con la conciencia en el centro del espectro de frecuencias del cerebro, donde la conciencia consciente está en contacto con el mundo espiritual e invisible de la mente, se convierte en un profeta humanitario, filantrópico y clarividente. Esa persona puedes ser tú.

Cómo enfocar mejor el propósito de tu vida

Para funcionar con el propósito para el que hemos sido creados —ayudar al Creador a corregir todas las anomalías y problemas de este planeta— necesitamos funcionar con ambos lados del cerebro, el derecho recibiendo soluciones y el izquierdo aplicándolas. La persona que recibe inspiración pero no actúa en consecuencia en el mundo físico no está cumpliendo su propósito. Lo mismo que la persona que actúa en el mundo físico sin inspiración creativa.

Es de suponer que, cuando llegue al último capítulo de este libro, ya habrás activado tu hemisferio derecho. Ahora estás mejor capacitado para sintonizar con soluciones creativas. Pero, ¿cómo las pones en práctica?

¿Las pintas en un lienzo, las plasmas en palabras de poesía o prosa, las esculpes en piedra? ¿Pones en práctica tu inspiración en tu trabajo actual, en un segundo trabajo o «pluriempleo», en tu vida familiar o en tu vida social?

La Inteligencia Superior lo sabe. Puedes acceder a la respuesta. Esa respuesta te facilitará las cosas.

Prueba el siguiente método para averiguar más sobre el propósito de tu vida:

1. Antes de dormirte por la noche, ve a tu nivel Alfa y date instrucciones para «despertar en el mejor momento para descubrir más sobre mi propósito en la vida». Duérmete desde tu nivel Alfa.
2. Cuando despiertes por primera vez, ve de nuevo a tu nivel Alfa y, con una cuenta atrás adicional del 10 al 1, a tu nivel laboratorio. Saluda a tus consejeros y reza una oración de bienvenida.
3. Hazte la pregunta: «¿Cuál es mi propósito divino en la Tierra?». A continuación, empieza a pensar qué podrías estar haciendo que no estés haciendo ahora. Las ideas vendrán a ti. Llegarán a través de tus consejeros, y tú sabes de dónde las sacan tus consejeros. Puede que tengas la sensación de que te las estás inventando. Repásalas para recordarlas más adelante.

4. Da las gracias a tus consejeros, reza una oración de despedida y cuenta del 1 al 10 hasta llegar al nivel Alfa, a partir del cual puedes volver a dormir.

Completar la Creación

Actualmente, Silva Mind Control International, Inc. tiene alrededor de 350 instructores en 73 países y territorios y, en 22 años de entrenamiento, hemos podido centrar a unos l millones de personas.

Necesitaríamos miles de nuevos instructores para entrenar al resto de la gente de este planeta, y nos llevaría mucho más allá del año 2000.

Cada graduado y cada lector de este libro debe hacer lo que pueda para convertir a otras personas de pensamiento centrado. Cualquier cosa que hagas para animar a la gente a reconocer y desarrollar su factor espiritual puede conducir al centrado.

Aquellos de vosotros que estéis cerca o en el campo de la educación deberíais animar a los profesores a fomentar la ensoñación relajada y a proporcionar ejercicios de relajación e imaginación mental junto con cualquier otra cosa que enseñen. Los padres deberían proporcionar entrenamiento mental para centrar a los miembros de su propia familia. Todo esto es prioritario para la supervivencia de nuestro planeta. Todos debemos subirnos al carro para ayudar a crear nuestro mundo.

En control

El mundo de la mente siempre va un paso por delante del mundo físico. El pensamiento es lo primero. Le sigue la materialización de ese pensamiento. Lo hace a través de su hemisferio derecho. Este hemisferio se activa mediante la ensoñación relajada. Has aprendido una forma sencilla de duplicar este estado bajo tu control. Puede ir a tu nivel Alfa, activar tu hemisferio derecho y poner tu cerebro en contacto con tu mente.

Tu otro lado te permite controlar tu vida. Le arrebata el control al cerebro, que de otro modo haría de tu vida una cacofonía de enfermedades no deseadas, limitaciones no deseadas, dificultades no deseadas y conflictos no deseados. Mira a tu alrededor. Lee los periódicos. Visita los juzgados, las prisiones y los hospitales: todos son producto de un mundo controlado por el cerebro, en el que este domina el hemisferio izquierdo y, por tanto, no está totalmente conectado con la mente.

Con tu otro lado en control, eres capaz de elevarte por encima del dolor y el sufrimiento del mundo del hemisferio izquierdo. Lo que llamamos inteligencia humana es en realidad una inteligencia sobrehumana. Puede parecer que está en este lado, pero se extiende al otro. Está tanto en el reino físico como en el espiritual. Es a lo que se refieren los religiosos cuando hablan del alma o del espíritu. Es lo que los psicólogos llaman psique. Es a lo que se refieren los metafísicos cuando hablan de conciencia.

Cuando pensamos —con el conector Alfa activado—, comienza el proceso creativo. Cuando actuamos sobre esos pensamientos, el proceso creativo se manifiesta.

Mientras puedas controlar tus pensamientos, con ambos hemisferios trabajando para ti en el nivel Alfa, puedes controlar tu vida. Puedes programar para que sucedan cosas.

Puedes programar la materia inanimada.
Elsie M. utilizó la Técnica del vaso de agua para encontrar pareja. Poco después estaba felizmente casada.

Puedes programar plantas.
Pat M. animó a sus retoños con amor y consiguió que crecieran tres veces más rápido que un grupo de control.

Se puede programar animales.
Alvin S. «habló» con las hormigas que habían empezado a invadir su cocina y se marcharon.

Se puede programar a los humanos.
Jean W. utilizó la comunicación subjetiva para que su hijo fugitivo llamara por teléfono y luego regresara.

Puedes hacer cosas aún mayores con tu pensamiento Alfa. Puedes controlar tu vida.

> Utiliza el nivel Alfa todos los días y te beneficiarás de ambos mundos, el espiritual y el físico. Podrás influir en el mundo físico desde el espiritual, y podrás influir en el espiritual desde el físico.

La clave para una oración eficaz

Mira a ese hombre de ahí. Está sentado en el banco del parque, con los ojos muy abiertos y la mirada fija, los labios moviéndose en oración. No tiene trabajo, está hambriento y desesperado. Su familia se está desmoronando. Está al borde de un ataque de nervios. Su vida está fuera de control.

¿Ayudarán sus oraciones? Tal vez. Pero su angustia es separación, y cuando estás separado estás menos conectado con el destino de tu oración.

¿Y aquel hombre de allí? Está relajado; tiene los ojos cerrados; reza por la paz en el mundo y por la paz en su interior y en su familia. Lo «ve» suceder.

¿Ayudarán sus oraciones? No hay «tal vez».

Nada en este libro descarta la oración. De hecho, este libro pide que tu vida sea una oración continua.

Y cuando estás centrado en tu pensamiento, con ambos hemisferios en posición de «encendido», eso es exactamente tu pensamiento: oración.

Si has completado tus 20 días de entrenamiento con este libro, o tus 4 días de entrenamiento con la ayuda de un conferencista del Método Silva, estás centrado. Estas listo para empezar una vida nueva y controlada.

Empieza hoy.

Algunas personas quieren esperar hasta que piensan que son perfectos antes de estar listos para cumplir sus misiones. Esto es un error. Si fueras perfecto, no estarías aquí, en esta aula llamada Tierra. Este es nuestro campo de entrenamiento. Es importante aprender todo lo que puedas mientras estés aquí. Y es importante amar, y expresar tu amor a otros humanos en este planeta. Como ya he dicho muchas veces, aprender a interactuar mejor en las relaciones con otros humanos es una lección prioritaria.

Podemos elegir nuestras relaciones con los demás. Podemos competir o podemos cooperar. En todo el mundo, muchas personas compiten, a menudo con armas y bombas. Es importante que cambiemos esto y ayudemos a traer la paz a nuestro planeta.

Reza por la paz. Programa la paz. Vive en paz.

Acción es igual a éxito

Mucha gente se frustra por miedo al fracaso; no actúan, así que nunca saben que podrían haber tenido éxito.

Toda tu preparación en el Método Silva significará poco si no pasas a la acción. Se ha dicho que la fe sin obras está muerta. Por un lado, nunca sabrás si tomaste las decisiones correctas a menos que las pongas a prueba: la prueba de observar los resultados.

Mientras aprendemos, cometeremos «errores». Lo que parece un error puede ser solo una experiencia de aprendizaje, una guía que nos lleve por el buen camino.

Sabemos que no podemos ayudar a crear un mundo mejor con la inacción, sino solo con la acción. Se nos ha dado el poder de crear, de crear nuevas ideas y de darles forma física.

Cuando estamos en el nivel Alfa, somos capaces de avanzar y retroceder en el tiempo. Eso se llama eternidad. Somos capaces de proyectar nuestra inteligencia de forma infinita. Podemos saber cosas que no tendríamos forma de saber: somos omniscientes. Podemos cambiar condiciones no deseadas o anormales: somos omnipotentes.

Eternos, infinitos, omniscientes, omnipotentes. Sí, nos parecemos a nuestro Creador. Somos divinos.

> Reclama tu divinidad. Sigue tu guía. Toma decisiones y actúa.
> Tienes un medio de apoyo invisible.
> El otro lado y este lado están en el mismo lado.

"La respiración profunda te ayuda a relajarte. Respiras profundamente para llenar tu cuerpo de oxígeno y luego te relajas al exhalar. Se podría decir que es como un suspiro de alivio. Cuando estás relajado, puedes afrontar cualquier situación. No tienes que descargar tus frustraciones en tu cuerpo, ni en otras personas, ni en la sociedad".

"El otro lado no nos ayuda a crear problemas graves. Cada uno de nosotros puede atribuirse el mérito de sus propias dificultades. Somos expertos en ello. La imaginación es una facultad maravillosa con la que todos hemos sido bendecidos. Nos ha ayudado a crear este mundo. Cuanto más viva es la imaginación, mayor es su potencial para causar graves problemas".